MARCO ⊕ POLO

Côte d'Azur

Reisen mit Insider Tipps

Diesen Führer schrieb Günter Treffer, ein guter Kenner der Côte d'Azur. Die Aktualisierung hat der Journalist Peter Bausch übernommen, der Südfrankreich wie seine Westentasche kennt.

marcopolo.de

Die aktuellsten Insider-Tipps finden Sie unter www.marcopolo.de, siehe auch Seite 100

MAIRS GEOGRAPHISCHER VERLAG

SYMBOLE

MARCO POLO INSIDER-TIPPS:
Von unserem Autor für Sie entdeckt

 MARCO POLO HIGHLIGHTS:
Alles, was Sie an der Côte d'Azur
kennen sollten

 HIER HABEN SIE EINE SCHÖNE AUSSICHT

WO SIE JUNGE LEUTE TREFFEN

PREISKATEGORIEN

Hotels		Restaurants	
€€€	**über 110 Euro**	€€€	**über 80 Euro**
€€	**65–110 Euro**	€€	**35–80 Euro**
€	**bis 65 Euro**	€	**bis 35 Euro**

Die Preise gelten pro
Nacht für zwei Personen
im Doppelzimmer mit
Frühstück.

Die Preise gelten für ein
Essen mit Vor-, Haupt-
und Nachspeise ohne
Getränke.

KARTEN

[110 A1] Seitenzahlen und Koordinaten
für den Reiseatlas Côte d'Azur

[0] Objekte außerhalb des Reiseatlas Côte d'Azur

Karten zu Monaco, Nizza und Cannes finden Sie
im hinteren Umschlag

Zu Ihrer Orientierung sind auch die Orte mit
Koordinaten versehen, die nicht im Reiseatlas
eingetragen sind.

GUT ZU WISSEN

INHALT

Die wichtigsten
MARCO POLO Highlights

Sehenswürdigkeiten, Orte und Erlebnisse, die Sie nicht verpassen sollten

 Grand Casino
Der Prunkbau für Glücks-
ritter in Monte Carlo
(Seite 29)

 Ozeanographisches Museum
Traumhaft schönes Aquarium
mit wissenschaftlichem Anspruch in Monaco (Seite 30)

 Felsendorf Èze
Fotogene Gassen hoch auf
den Felsen (Seite 32)

 Promenade des Anglais
Prachtstraße am Meer in Nizza
mit Hotelpalästen wie dem
»Negresco« aus der Zeit, als
die Engländer die Côte d'Azur
entdeckten (Seite 37)

 Märkte in Nizza
Egal, ob Fisch, Gemüse oder
Blumen – auf den Märkten in
der Altstadt von Nizza macht
Einkaufen Spaß (Seite 39)

 Cap Ferrat
Das Musée Ephrussi de
Rothschild ist ein Paradebeispiel für eine Prunkvilla an
der Côte d'Azur (Seite 42)

 Fondation Maeght
Eines der schönsten privaten
Kunstmuseen der Welt. In
St-Paul-de-Vence sind die
großen Namen des 20. Jhs.
vertreten (Seite 45)

 Picasso-Museum
Den Blick über die Engelsbucht zu den Alpen – unver-
gesslich. Das Grimaldi-Schloss
ist seit Picassos Aufenthalt ein
Kunstmuseum (Seite 48)

Malerisch: Altstadt von Èze

Modern: Fondation Maeght

 Croisette in Cannes
Boulevard am Meer mit dem
Betonbunker der Filmfestspiele
und Luxushotels unter Palmen
(Seite 51)

 Grasse
Die Welt der Düfte lässt sich
in der Hauptstadt der
Parfümherstellung erfahren
(Seite 56)

 Hyerische Inseln
In Sichtweite des Kontinents,
aber ganz weit weg vom
Trubel: drei Perlen für Ruhe-
suchende im Meer vor Hyères
(Seite 64)

 St-Tropez
Auch wenn die wilden Jahre
Vergangenheit sind, außerhalb
der Hochsaison ist das ehemalige Fischerdorf noch immer
wunderschön (Seite 67)

 Port-Grimaud
Die Lagunenstadt aus der
Retorte dient seit 1966 als
Modell für Feriensiedlungen
an der Küste (Seite 69)

Mondän: Filmfestspiele Cannes

 Grand Canyon du Verdon
Wie ein Messer in weiche
Butter hat der Verdon-Fluss
eine bis zu 700 m tiefe
Schlucht in die Felsen ge-
schnitten (Seite 72)

 Train des Pignes
Mit der Dampflok durch
25 Tunnel und über
33 Brücken von Nizza nach
Digne (Seite 78)

 Die Highlights sind in der Karte auf dem hinteren Umschlag eingetragen

Entdecken Sie die Côte d'Azur!

Côte d'Azur zwischen dem Trubel an der Küste und der Ruhe im Naturschauspiel des Hinterlandes

Luxus, Trubel, Paläste und exotische Blütenpracht am Meer, beschauliche Ruhe, grandiose Naturschauspiele und einsame Felsendörfer im Hinterland: Die Côte d'Azur ist das Land der harten Kontraste. Doch die Gegensätze ziehen sich an. Das milde Mittelmeerklima und die Sonne genießen die 20 000 Menschen, die in den tausend Firmen des Hightechparks von Sophia-Antipolis arbeiten genauso wie die sensiblen Nasen, die sich in Grasse, der Welthauptstadt des Parfüms, auf eine 400 Jahre alte Tradition berufen. Oder wie die Millionen von Urlaubern an der Küste, die Frankreich mit schöner Regelmäßigkeit den Titel des Tourismusweltmeisters bescheren.

Kaum ein Landstrich Europas hat sich in den letzten 200 Jahren so oft und so schnell gewandelt die die Region zwischen Hyères im Westen, Menton im Osten, den Verdon-Schluchten und dem Mercantour-Nationalpark im Norden. Jahrhundertelang war die Küste nur Durchgangsstation auf dem Weg zwischen Nordeuropa und Italien.

Ausblick auf den Hafen und die Altstadt des im Osten der Côte gelegenen Grenzortes Menton

Mittagsplausch in Le Tholonet

Am Meer lebten arme Fischer, im Hinterland arme Bauern.

Kein Wunder also, dass sich aus der tiefen Vergangenheit nur wenige architektonische Glanzlichter in die Neuzeit gerettet haben. Natürlich gibt es die Spuren der Römerzeit im Domviertel von Fréjus und das Siegesdenkmal von Kaiser Augustus in La Turbie hoch über Monaco. Natürlich war die Grafschaft Nizza, die erst seit 1860 zu Frankreich gehört, im 17. Jh. ein fruchtbarer Boden für die Baumeister und Künstler der Barockzeit. Natürlich haben die lange vergessenen Felsendörfer im Hinterland ihr mittelalterliches Ensemblebild bewahrt. Aber die Côte d'Azur, die ihren Namen erst 1887 von Stephen Liégeard, einem Unterpräfekten mit literarischer Ader, bekommen hat, ist und bleibt ein Kind der modernen

Geschichtstabelle

Ab 600 v. Chr. Griechische Siedlungen an der Küste.

151 v. Chr. Gegen Kelten und Ligurer zu Hilfe gerufen, setzen sich die Römer an der Küste fest

102 v. Chr. Vernichtung der Teutonen bei Aix-en-Provence

49 v. Chr. Julius Caesar gründet Fréjus

6. v. Chr. Nach Befriedung der kriegerischen Alpenstämme Errichtung des Siegesdenkmals von La Turbie

4.–5. Jh. n. Chr. Ausbreitung des Christentums

6.–9. Jh. Die Küste wird Teil des Frankenreichs, dann Niederburgunds

887–983 Teile der Küste fallen in die Hände der Sarazenen

1308 Das Adelshaus der Grimaldi erwirbt von der Republik Genua das Fürstentum Monaco

1388 Nizza im Besitz der Grafen von Savoyen (bis 1860)

1543 Belagerung Nizzas durch die Türken

1707 Einfall der Österreicher unter Prinz Eugen im Spanischen Erbfolgekrieg (1701–1713/14)

1746 Österreichischen Erbfolgekrieg (1741–1748)

1814 Napoleon I. schifft sich in St-Raphaël nach Elba ein, um sein Exil anzutreten

1815 Herrschaft der 100 Tage; Schlacht bei Waterloo

1860 Grafschaft Nizza wird wieder französisches Staatsgebiet

1863 Einweihung des Spielkasinos von Monte Carlo

1865–1870 Anschluss der Côte d'Azur an das Eisenbahnnetz

nach 1920 Erste Ansätze zu einem Sommerfremdverkehr, der nach 1945 großen Aufschwung bekommt

1942 Einmarsch deutscher Truppen

1944 Landung der alliierten Invasionstruppen an der Küste der Côte d' Azur

1946 Erstes Filmfestival in Cannes

1947 Das Hochtal der Roya mit Tende schließt sich Frankreich an

1969 Startschuss für den Bau des Technologieparks Sophia-Antipolis

1980 Autobahn A 8 verbindet das Rhônetal über Cannes und Nizza mit Italien

1981 Unter Mitterand wird die Regionalreform beschlossen, die den Départements mehr politische Selbstständigkeit bringt

1983 Die Region Provence-Alpes-Côte d'Azur (PACA) wird gegründet. Sitz des Regionalparlaments ist Marseille

1990 Einweihung des Museums für moderne Kunst in Nizza

Der Grand Canyon du Verdon zieht sich 21 km weit durchs Land

Freizeitgesellschaft. Es zählt nur das Heute, Hier und Jetzt. Blaues Meer, klarer Himmel und vor allem Sonne – viel Sonne.

Das milde Klima haben die Engländer in der Mitte des 19. Jhs. für sich entdeckt. Hyères, Nizza und Cannes waren die ersten internationalen Fremdenverkehrsorte überhaupt. Die europäische Aristokratie flüchtete aus dem kalten und tristen Winter in den Süden, nahm die Côte d'Azur als Spielwiese für ihre verrücktesten Träume und hatte einen großen Anteil daran, dass sich die Region in einen kunstvollen Garten Eden verwandelte.

Die Einheimischen schüttelten noch verständnislos den Kopf, als der Pariser Botaniker Gustave Thuret 1857 auf Cap d'Antibes Palmen, Kakteen, Eukalyptusbäu-

me und Zypressen züchtete. Die exotischen Bäume, wie die aus Australien importierten Mimosenbäume mit ihrer sattgelben Blütenpracht im Spätwinter, gehören heute genauso zur Côte d'Azur wie das blaue Meer, die tiefgrünen Aleppokiefern und die strahlend gelben Zitronen von Menton.

Die verschwenderische Pracht der Flora hat ihr Pendant in der Architektur. Die kosmopolitische Schickeria hat ihre eigenen Paläste gebaut. Ohne Rücksicht auf historisch gewachsene Stadtbilder. Das vom Pariser Opernbauer Charles Garnier entworfene Spielkasino von Monte Carlo, die gigantischen Fassaden der Luxushotels »Negresco« in Nizza oder »Carlton« in Cannes, die Villa der Baronin Ephrussi de Rothschild auf Cap Ferrat, das mauri-

> *Blaues Meer, klarer Himmel und vor allem viel Sonne*

9

sche Haus Djezair in Juan-les-Pins, der Nachbau der antiken griechischen Villa Kerylos in Beaulieu oder das schlichte Bauhaus-Gebäude der Familie de Noailles in Hyères sind nur ein paar Beispiele für die neuen Wahrzeichen.

Der Mythos Côte d'Azur ist schließlich in der »Belle Epoque« zu Beginn des 20. Jhs. geboren – im Winter. Heute erscheint es unglaublich, dass erst 1931 einige mutige Hoteliers ihre Häuser ausgerechnet für die Jahreszeit öffneten, die den alten Aristokraten zu heiß geworden war.

Aber der Mythos hat auch den Sommertourismus überlebt. Das kleine Fischerdorf St-Tropez, um

1900 von impressionistischen Malern entdeckt, ist nach 1950 zum Inbegriff für den internationalen Jetset geworden. Schrittmacher waren zunächst die Literaten aus Paris, Filmleute wie Roger Vadim und Brigitte Bardot, Playboys wie Gunther Sachs, Eddie Barclay und schließlich Schlagerstars wie Johnny Hallyday. An den Stränden von Pampelonne und Tahiti trugen die Stars und Sternchen ihre Haut zu Markte und lockten mit braun gebrannten Körpern die Regenbogenpresse, die auf immer neue Skandale hoffte.

St-Tropez steht heute wieder als Symbol für den nächsten Umbruch in der Tourismusbranche. Die Stars

Spielwiese für die verrücktesten Träume

Die zerklüftete Küste bietet viele kleine Buchten, in denen man noch unter sich ist

haben längst vor den Blechlawinen kapituliert, die im Sommer die Strecke rund um den Golf zur Tortur machen. Dafür entdecken Naturfreunde die Halbinsel, auf der seit 1976 einer der schönsten und mit knapp 40 km Länge wichtigsten Küstenwanderpfade am Mittelmeer eingerichtet ist. Nicht einmal eine halbe Stunde dauert der Fußmarsch nach L'Escalet, dem letzten mit dem Auto erreichbaren Strand von Ramatuelle, und selbst mitten in der Hochsaison gibt es in einem der größten Touristenzentren der Küste stille und einsame Buchten zum Baden.

Der Trend bewegt sich fort von der größtenteils zubetonierten Küste hin zur unberührten Natur. Und das ist Balsam für die Seelen im Hinterland. Die kleinen Dörfer und Städte, jahrzehntelang ausgezehrt von der Landflucht, leben wieder auf. Bestes Beispiel ist der Haut-Var rund um Cotignac. Vom sanften Tourismus, der Üppigkeit, Ruhe und Sinnenlust in einer noch weitgehend intakten Naturlandschaft verspricht, profitiert sogar die Wirtschaft: Salernes erlebt als Keramik- und Fliesenzentrum eine Renaissance.

Die Natur als grandioses Schauspiel entdecken die Neugierigen aber auch weitab der Paläste an der Küste in den Schluchten, die Flüsse wie der Verdon, der Estéron, der Var, der Loup oder die Roya in die Felsen geschnitten haben. Winzige Dörfer wie Aiglun oder Roquestéron setzen im Norden von Grasse und Vence mittlerweile auf den Wassersport- und Wandertourismus. Von den spektakulären, bi-

zarr in leuchtend rote Felsen gefrästen Gorges du Cians ist es nur noch ein kleiner Schritt hinüber in den Nationalpark des Mercantour. Dort sind, nicht einmal zwei Autostunden entfernt von der Küste mit ihren Palästen, jetzt sogar die Wölfe wieder heimisch geworden. Krasser können die Gegensätze wirklich nicht sein.

Entdecken Sie die Küste und mit den Alpes-Maritime, dem Var und den Alpes-de-Haute-Provence drei der schönsten Dpartements in ganz Frankreich. Dieses Buch nimmt Sie mit auf den Weg von Hyères bis nach Menton, immer am Meer entlang. Nicht nur Autofahrer auf den Straßen, sondern auch Spaziergänger erwarten herrliche Aussichten. Allein im Département Var sind über 200 km des *sentier littoral*, des Küstenwanderpfads zwischen Bandol und St-Raphaël, erschlossen.

»Auch das Hinterland will entdeckt werden«

Aber das Meer ist nicht alles. Die Gegensätze, die den Reiz der Küste mit ihren vor Leben sprühenden Städten und den immer noch stillen Buchten ausmachen, gibt es auch im Hinterland, dem *arrière-pays*. Es braucht allerdings mehr Zeit und Muße, um die kleinen Dörfer zu entdecken, die wie Adlerhorste auf die Felsen gebaut wurden. Die Flecken wie Peillon, Saorge, Gourdon oder Lucéram, die langsam aus ihrem Dornröschenschlaf erwachen, wollen erobert werden. Sie entfalten ihren Charme bei Spaziergängen durch die engen Gassen – ebenso wie ihre großen und berühmten Schwestern Antibes, Nizza und Cannes direkt am Meer.

Von Autorennen bis Yachten

Hinter den Kulissen der Côte d'Azur findet man mehr als nur ein Sommerparadies

Autorennen

Der Markenname eines der größten Automobilherstellers ist an der Côte d'Azur erfunden worden. Der in Nizza lebende Kaufmann Emil Jellinek benötigte nämlich ein Pseudonym für die von ihm gemeldeten Fahrzeuge für die ersten Autorennen der begüterten Herrenfahrer. Und so benannte er die Rennkutschen, die schon zu Beginn des 20. Jhs. über die Bergstraßen der südfranzösischen Küste rauschten, nach seiner Tochter Mercedes. Die Tradition der Rennen wird fortgeführt: Monaco ist im Mai mit dem einzigen, 1929 eingeweihten Stadtkurs der Formel 1 ganz dick im Millionengeschäft. Mit dabei ist Mercedes. Dagegen dominieren andere, viel jüngere Marken die Rallye Monte Carlo im Januar.

Blumenkorso

Der Winter wird an der Côte d'Azur mit Blüten ausgetrieben. Fast drei Wochen lang feiern Menton und Nizza im Februar den Frühling und den Karneval zusammen mit Umzügen im Zeichen von Zitronen, Orangen und tausend Blüten. Mandelieu-

Im Sommer versinkt Cannes im Trubel. Der Hafen bietet dennoch beschauliche Winkel

Blühende Mimosen im Frühjahr

la-Napoule und Bormes-les-Mimosas setzen auf das satte Gelb der Mimosen. Höhepunkt ist überall der Blumenkorso.

Römer und Griechen

Forum Iulii, so taufte Caesar 49 v. Chr. auf seinem Feldzug in Gallien einen Etappenort: Im heutigen Fréjus sind die Spuren der Römerzeit noch immer zu sehen. Die alten Römer bauten auch die Via Aurelia als Verbindung von Genua nach Gallien. Die Trasse, als 2,5 m breite Straße gepflastert, führte über Cimiez, Fréjus und Brignoles nach Aix-en-Provence und ist heute als Nationalstraße 7 neben der Autobahn die wichtigste Straße an der Côte d'Azur. Älter noch als Fréjus sind aber Nizza und Antibes, die im 4. Jh. v. Chr. von den Griechen, die sich in Marseille niedergelassen hatten, gegründet worden.

Filmfestspiele

Auch wenn die Nostalgiker von der schönen alten Zeit träumen, in der alles besser war: Cannes ist und bleibt das wichtigste Filmfestival in Europa. Die »Goldene Palme«, seit 1946 an der Croisette verliehen, verschafft im Mai Stars und Sternchen aus der ganzen Welt ein großes Rendezvous. Und das neugierige Publikum drängt sich weiter um die gigantische, mit einem roten Teppich versehene Treppe zum Hauptschauplatz, dem Festspielbunker, um einen Blick auf die Berühmtheiten zu werfen.

Garibaldi

Er wurde zwar 1807 in Nizza geboren, entwickelte sich aber zum Nationalhelden und zum Symbol für die staatliche Einigung Italiens. Kein Wunder, die Grafschaft Nizza, ursprünglich ein Teil von Savoyen-Piemont, gehört erst seit 1860 zu Frankreich. Das Tal der Roya bis nach Tende hat sich erst 1947 bei einer Volksabstimmung von Italien losgesagt.

Flora

Durch die hohen Gebirgszüge von kalten Nordwinden geschützt, konn-

Traum von Licht und Farben

Picasso und Kollegen machen die Côte d'Azur zum Zentrum der modernen Kunst

Als ich verstanden hatte, dass ich dieses Licht jeden Morgen wieder sehen würde, konnte ich mein Glück nicht fassen,« sagte Henri Matisse im Jahr 1917, nachdem er sich entschieden hatte, an der Côte d'Azur zu bleiben. Sein 1904 in St-Tropez gemaltes Bild mit dem programmatischen Titel »Luxe, calme et volupté« (Pracht, Ruhe und Sinneslust) steht als Symbol für ein Paradies auf Erden, das zu einem Weltzentrum der modernen Kunst wurde. 25 Jahre vor ihm waren schon die großen Künstler des Impressionismus wie Renoir, Monet, Sisley, Seurat oder Signac dem Charme der Côte d'Azur erlegen. Sie und andere waren die Ahnen von Malergenerationen, die mit Picasso, De Staël, Chagall und Léger nach dem Zweiten Weltkrieg der Kunst des 20. Jhs. entscheidende Impulse gegeben haben. In Vallauris hat Picasso die Wurzeln für ein blühendes Kunsthandwerk der Töpferei und Keramik gelegt, sein Erbe ist aber auch im Musée Picasso von Antibes ausgestellt. Fast jeder der großen Maler hat sein Museum an der Küste: Matisse und Chagall in Nizza, Léger in Biot, Cocteau in Menton, Renoir in Cagnes-sur-Mer. Doch die Kunst an der Côte d'Azur ruht sich nicht auf den Lorbeeren der Vergangenheit aus. Mit dem Neuen Realismus erkunden Yves Klein oder Arman, beide in Nizza geboren, zusammen mit Martial Raysse, der aus Golfe-Juan stammt, die Grenzen der zeitgenössischen Kunst.

Warten auf die Größen des Films – Eingang zum Festspielhaus in Cannes

ten an der Küste neben der ange-stammten Flora wie Eichen- und Kastanienwäldern, wilden Blumen und Sträuchern auch Pflanzen aus wärmeren Gegenden der Welt hei-misch werden. Orangen- und Oli-venbäume findet man allerorten. Frost ist Gift für die Mimosenbäume, die der Legende nach Truppen von Napoleon III. im Jahr 1867 aus Me-xiko an die Mittelmeerküste ge-bracht haben sollen. Den Beinamen »Les Mimosas« führt das kleine Dorf Bormes hoch über Le Lavandou erst seit 1968. Als Hauptstadt der Aka-zienart mit ihren sattgelben Blüten-kugeln gilt aber Mandelieu am Fuß des Tanneron-Gebirges, das sich im Spätwinter ab Mitte Januar in ein duftendes gelbes Meer verwandelt. Die ersten Palmen sind 1867 in Hy-ères gepflanzt worden, aber sie be-stimmen auch das Straßenbild in Nizza und Cannes. Zwei Arten ge-deihen vor allem am Mittelmeer: Die

Dattelpalme aus Nordafrika und die kanarische Palme.

Zypressen spielen in den ersten Hügeln des Hinterlandes die erste Geige. Mit ihrer schlanken Kegel-form sind sie der beste Schutz von Feldern gegen den kühlen Nordwind aus dem Gebirge.

Napoleon

An der Mittelmeerküste hat der Kor-se alle Höhen und Tiefen seiner Kar-riere ausgekostet. Die ersten Lorbee-ren erntete der damals 24-Jährige bei der Belagerung von Toulon 1793 und der Befreiung der Stadt von den englischen Besatzern, ein Jahr später war er als General in Nizza statio-niert. Dort startete er 1796 seinen Italienfeldzug, 1799 landete er nach der Ägyptenexpedition in St-Raphaël. 15 Jahre später ging er von die-sem Hafen aus ins Exil nach Elba. Aber schon zehn Monate später kehrte er zurück nach Golfe Juan und feierte auf der heutigen »Route Napoleon« über die Alpen die triumphale Rückkehr nach Paris.

Ölbaum
Der unsterbliche Baum mit den knorrigen Ästen und dem silbern schimmernden Laub ist vor etwa 3000 Jahren aus Griechenland importiert worden. Hauptanbaugebiete sind heute die Gegend um Brignoles und Draguignan, die Täler von Roya und Bévéra sowie das Umland von Nizza. Nach den großen Frösten von 1956 sind heute zwei widerstandsfähigere Arten bestimmend: Aglandau und Verdale. Liebhaber und große Restaurants bezahlen den höheren Preis für das heimische Olivenöl, das die Jahrtausende alte Tradition fortsetzt.

Parfüm
Um den strengen Geruch des gegerbten Leder zu überschatten, haben Apotheker und Parfümfabrikanten im 16. Jh. auf edle Düfte gesetzt. Grasse mit seinem günstigen Mikroklima, in dem die zartesten Pflanzen gediehen, ist seitdem die Welthauptstadt des Parfüms. Heute produzieren die drei großen Fabriken mehr und mehr die natürlichen Grundstoffe. Gemixt werden die eleganten

Destille in der Parfümerie Fragonard

Duftnoten allerdings nur noch selten im Hinterland von Nizza, die Blüten kommen meist aus fernerer Gefilden.

Prominenz
Im Gegensatz zu den Kulturregionen in unmittelbarer Nachbarschaft wie der Provence und der Toskana haben die Mächtigen der Erde die südostfranzösische Küste lange gemieden. Erst in der Mitte des 19. Jhs. hat die Aristokratie die Côte d'Azur entdeckt. Die Zaren sorgten dafür, dass in Nizza ein Klein-Russland mit Kirchen und Landsitzen entstand. Bayernkönig Ludwig I., Queen Victoria, die französische Kaiserwitwe Eugénie und Belgiens König Leopold II. ließen sich zwischen Cannes und Nizza nieder. Der internationale Jetset bastelte nach dem Zweiten Weltkrieg weiter am Mythos. St-Tropez war lange das Nonplusultra der Playboys und Filmstars, jetzt verstecken sich die Prominenten in den Hügeln des Hinterlandes oder profitieren wie Autorennfahrer und Tenniscracks vom Steuerparadies Monaco. Zum Bummeln kommen sie aber dennoch in steter Regelmäßigkeit an die Küste.

Riviera
Der italienische Name Riviera galt früher für den gesamten Küstenstreifen von La Spezia bis Marseille. Heute versteht man unter Riviera nur noch den schmalen Saum am Mittelmeer in Ligurien. Aus der »Französischen Riviera« ist die Côte d'Azur geworden. Es lässt sich trefflich darüber streiten, wo sie im Westen beginnt. Marseille? Bandol? Toulon? Es erscheint sinnvoll, sie bei Hyères beginnen zu lassen, da die Halbinsel Giens und die Goldinseln einen na-

Die MARCO POLO Bitte

Marco Polo war der erste Weltreisende. Er reiste in friedlicher Absicht, verband Ost und West. Er wollte die Welt entdecken, fremde Kulturen kennen lernen, nicht zerstören. Könnte er heute für uns Reisende nicht Vorbild sein? Aufgeschlossen und friedlich sollte unsere Haltung auf Reisen sein. Dazu gehören auch Respekt vor Mensch und Tier und die Bewahrung der Umwelt.

WWF

türlichen Abschluss bilden. Außerdem war die Stadt einer der ersten Orte, der von den Engländern entdeckt worden ist. Auch von ihrem Charakter ist sie anders als andere Städte im Westen, die eher der Provence zugerechnet werden. Einig ist man sich, dass die Grenze der Côte d'Azur im Osten bei Menton liegt.

Sentier littoral
Der Zugang zum Meer ist für alle frei. Das französische Gesetz aus dem Jahr 1976, das einen 3 m breiten Streifen am Meer für die Öffentlichkeit reserviert, trägt seine Früchte vor allem im Département Var. Dort sind inzwischen über 250 km als *sentier littoral*, also als Küstenwanderpfad, ausgeschildert. Aber die alten Zöllnerpfade kommen selbst in den Refugien der Reichen zu neuen Ehren: Wanderwege gibt es sowohl auf dem Cap d'Antibes, auf Cap Ferrat oder, auf den Spuren von Friedrich Nietzsche, am Cap Martin bei Monaco.

Waldbrände
Es ist fast jedes Jahr dieselbe Tristesse: Mit schlimmer Regelmäßigkeit zerstören Waldbrände das zerbrechliche ökologische Gleichgewicht an der Côte d'Azur. In trockenen Sommern reicht an windigen Tagen schon eine achtlos weggeworfene Zigarettenkippe, um einen ganzen Landstrich in Glut und Asche zu verwandeln. Abgesehen von der Zerstörung alten Baumbestands, erholt sich die Landschaft nach einem ersten Waldbrand relativ schnell, das heißt in zwei, drei Jahren. Kritisch wird es, wenn das Feuer zum zweiten oder gar zum dritten Mal die Landschaft verwüstet und den Boden der Erosion aussetzt. Manche Gebiete wie das Estérel-Gebirge sind für immer gezeichnet.

Yachten
Nach der Karibik ist das Mittelmeer das zweitgrößte Kreuzfahrtziel der Welt. Für Segler ist die Côte d'Azur ein Paradies. Allein 71000 Boote sind zwischen Cannes und Monaco registriert. Hyères mit den drei Goldinseln Porquerolles, Port-Cros und Levant in Sicht- und Tagesreisenweite ist einer der beliebtesten Ankerplätze, Antibes ist mit 1700 Liegeplätzen der größte Yachthafen Europas. Die größten Brummer auf dem Meer werfen den Anker in St-Tropez oder in Monaco. Der Bedarf ist noch lange nicht gedeckt: Fréjus hat einen neuen Hafen gebaut, St-Raphaël erweitert die Becken genauso wie Nizza, Monaco, Cannes und Vallauris-Golfe Juan.

Einfachheit und Luxus auf einem Teller

Unter der Sonne reifen die besten Zutaten für die mediterrane Küche

Die alte Streitfrage, ob die italienische oder die französische Küche besser sei, hat sich an der Côte d'Azur ganz schnell erledigt: Die Grafschaft Nizza gehört erst seit 1860 zu Frankreich und hat über Jahrhunderte hinweg alle Qualitäten von Italien gepflegt. Die Einflüsse beider Länder sorgen dafür, dass an der Mittelmeerküste und im Hinterland sowohl ausgesprochene Feinschmecker als auch auch kulinarische Amateure verwöhnt werden.

Die Küche an der Côte d'Azur ist einfach, leicht und gesund. Es gibt Gemüse in allen Variationen, Fische und Meeresfrüchte, eine unglaubliche Vielfalt an Gewürzkräutern von Thymian und Rosmarin über Minze, Salbei und Basilikum bis zu Fenchel und Lorbeer. Dazu kommen Lammfleisch aus dem Hochland, Käse von Ziegen und Schafen, die exotischsten Früchte und als Krönung ein Wein aus heimischem Anbau, der seit einigen

Die Place Nationale im Zentrum von Antibes ist in den Sommermonaten ein beliebter Treff

Jahren einen großen Qualitätssprung erlebt. Das Land bietet fast alles in bester Frische: Im Norden des Departements Var, in Aups, gibt es im Winter sogar einen der wichtigsten Trüffelmärkte Südfrankreichs.

Trotz Fastfood und Touristenrummel: Kaum eine andere Region Frankreichs hat so viele Sterne-Köche wie die Côte d'Azur. »Einfachheit und Luxus, das sind die Prinzipien der provenzalischen Küche«, sagt Alain Ducasse, der ein ganzes Imperium von Spitzenrestaurants aufbaut.

Selbst die großen Zeremonienmeister der Kochkunst bleiben bei den einfachen Grundrezepten. Von der Sonne verwöhnte Tomaten und Zucchinis brauchen nur einen Hauch von frischen Kräutern und ein wenig Olivenöl, um ihren ganzen Geschmack zu entfalten. Gemüse, Fisch, Olivenöl, Knoblauch und – in Maßen – ein guter Wein sorgen dafür, dass die Menschen im Süden die höchste Lebenserwartung in Frankreich haben. Diese Ernährungstradition widerspricht den Bauernregeln des Nordens.

Südfranzösische Spezialitäten

Lassen Sie sich diese Köstlichkeiten gut schmecken!

Bouillabaisse – Fischsuppe aus Marseille. Das Trio Drachenkopf *(rascasse)*, Knurrhahn *(grondin)* und Seeaal *(congre)* darf auf keinen Fall fehlen, Langusten *(langouste)* sind nur übertriebener Aufputz. Außerdem: Zwiebeln, Tomaten, Safran, Knoblauch, Lorbeer, Fenchel, Salbei, ein Stück Orangenschale und natürlich Olivenöl

Bourride – Wie die Bouillabaisse, aber mit Fischen wie Seewolf *(loup)*, Seeteufel *(baudroie)* und Seehecht *(merlan)*. Die Suppe wird mit aïoli, der Mayonnaise aus Knoblauch, Olivenöl, Eigelb, Salz und Pfeffer gebunden

Estocaficada – Stockfisch, der stundenlang mit Tomaten, Zwiebeln, Paprika, Kartoffeln und Gewürzkräutern geschmort und mit schwarzen Oliven garniert wird

Fleurs de courgette – Gefüllte Zucchiniblüten

Mesclun – Bunte Mischung aus verschiedenen frischen Blattsalaten

Pan bagnat – In Olivenöl gebackenes Weißbrot, garniert mit Salatblättern, rohen Zwiebeln, Tomaten, Sardellen, schwarzen Oliven und gekochtem Ei

Petits farcis – Mit einer feinen Mischung gefüllte Gemüse, z.B. Zucchini, Tomaten oder Auberginen

Pissaladière – Zwiebelkuchen, garniert mit der *pissala*, einer dicken Sauce auf Sardellenbasis und schwarzen Oliven

Ratatouille – Gemüseeintopf aus Auberginen, Paprika, Tomaten, Zwiebeln und Zucchini, in Olivenöl mit Knoblauch und Kräutern gedünstet. Wird heiß oder kalt serviert

Salade niçoise – Salat mit Thunfisch auf grünem Salat, grünen Bohnen, Radieschen, schwarzen Oliven, Paprikaschoten, hart gekochten Eiern und Sardellen in Olivenöl

Socca – In großen Pfannen gebackener Fladen aus Kichererbsenmehl.

Soupe au pistou – Gemüsesuppe aus weißen Bohnen, Tomaten und Zucchini mit »pistou«, einer dicken Pasta aus viel Basilikum, Knoblauch und Olivenöl

Tapenade – Creme aus schwarzen Oliven, Kapern und Sardellenfilets

Tourta de blea – Süßer Kuchen aus gehackten Mangoldblättern (blettes) mit Pinienkernen und Rosinen

Wie oft in südlichen Ländern fällt das Frühstück *(petit déjeuner)* karg aus: Eine Tasse Kaffee, eventuell mit Milch, dazu Weißbrot, Butter und Konfitüre, manchmal mit einem Hörnchen aus Mürbeteig *(croissant)*. Dafür werden beim Mittagessen *(déjeuner)* zwischen 12 und 14 Uhr gleich drei Gänge aufgefahren. Das Menü mit der Vorspeise *(hors d'oeuvre)*, der Hauptgang *(plat de résistance)* mit Fleisch *(viande)*, Fisch *(poisson)* oder Geflügel *(volaille)* sowie das Dessert sind auch heute noch wichtig. Aber in den normalen Restaurants an der Küste wird niemand mehr schief angeschaut, der nur einen großen Teller Salat essen möchte oder sich auf das meist günstige Tagessessen *(plat du jour)* beschränkt.

Abends, zum *diner* oder zum *souper* (selten vor 20 Uhr), entfaltet die Küche der Côte d'Azur ihre ganze Pracht. Zwei Stunden sollte man sich mindestens für das Abendessen reservieren, um ein Menü vom *amuse-gueule* (Appetithäppchen) bis *zeste de citron* (der Zitronenschale auf dem Dessertteller) durchzukosten.

Viele Restaurants haben inzwischen einen Keller mit einheimischem Wein angelegt. Die Weine von Bellet, einem der kleinsten Anbaugebiete von ganz Frankreich im Norden von Nizza, haben schon seit 1941 die kontrollierte Herkunftsbezeichnung *(appellation d'origine contrôlée, AOC)*. Doch selbst die Weingüter der Côtes de Provence setzen schon lange nicht mehr nur auf den einfachen Rosé, sondern bauen eigenständige, kräftige Rotweine aus. Das gilt auch für ihre Kollegen von den Côteaux Varois, die ihre Weine seit 1993 mit dem AOC-Etikett verkaufen dürfen. Zu einfachen Mahlzeiten passt oft ein offener Wein *(pichet* oder *en carafe)*, zum Gedeck selbst in Spitzenrestaurants gehört der Gratiskorb mit Weißbrot ebenso wie die Karaffe mit Wasser.

An der Côte d'Azur ist es wie überhaupt in romanischen Ländern üblich, dass für einen Tisch nur eine gemeinsame Rechnung ausgestellt wird.

Süßes Naschwerk verkauft die Confiserie Auer in Nizza

Einkaufsparadies für Genießer

Luxusgeschäfte am Meer und bodenständiges Handwerk im Hinterland

Die Côte d'Azur ist ein Einkaufsparadies. Der Hauch von Luxus, der seit über einem Jahrhundert durch die Städte und Dörfer am Meer weht sind dem kaufkräftigen Publikum nicht nur in Monaco, Nizza, Cannes und St-Tropez, sondern in der ganzen Welt bekannt: Kein Wunder also, dass in den Modeboutiquen an der Küste wohl alle internationalen Nobelmarken dieser Erde vertreten sind.

Die Côte d'Azur hat ihre ureigenen Spezialitäten. Grasse ist und bleibt ein Weltzentrum der Parfümindustrie. Billig ist es nicht unbedingt, in einem der großen Unternehmen einen eigenen Duft zu finden, aber die Mühe lohnt sich für feine Nasen.

Wie überall in den Touristenzentren der Welt wird in vielen Geschäften am Meer viel Kitsch und Ramsch verkauft. Aber Genießer kommen auf ihre Kosten, wenn sie neugierig sind und auf Originalprodukte der Region achten. Ein Muss für Naschkatzen sind das *Maison Herbin* mit seinen hausgemachten

An der Côte d'Azur muss es nicht immer Cartier sein – aber immer öfter

Konfitüren in Menton und das *Maison Auer* mit seinen kandierten Früchten in Nizza.

Qualitativ immer besser werden die noch preiswerten Rotweine, die unter den beiden Herkunftsbezeichnungen *Côteaux Varois* und *Côtes de Provence* produziert werden. Eine teure Rarität sind die Weine aus dem Anbaugebiet Bellet bei Nizza.

Das bodenständige Handwerk erlebt vor allem im Hinterland eine neue Blüte. Die Zentren sind Vallauris, Biot und Tourrettes-sur-Loup: Künstler haben der Töpferei zum Aufschwung verholfen – wie zum Beispiel Pablo Picasso, der 1947 in Vaullauris eine Werkstatt bezog und das Dorf für die Töperei wieder bekannt machte. Biot hat sich zum Mekka der Glasbläser entwickelt, die nach dem traditionellen, alten Verfahren arbeiten. An eine Jahrtausende alte Tradition knüpfen die 16 Keramikwerkstätten von Salernes an. Ihre Fliesen gelten nicht nur in Südfrankreich als Nonplusultra der Dekoration von Küchen und Bädern. Schließlich wartet Tourrettes-sur-Loup mit interessanten Töpfer- und Emailarbeiten sowie mit Holzschnitzereien auf.

Feste, Events und mehr

Tradition und Moderne treffen sich zum Rendezvous

Im Sommer jagt ein Festival das andere, das Frühjahr wird schon im Februar mit verschwenderischer Blütenpracht eingeläutet, im Herbst und Winter stehen die Volksfeste in

Folkloristische Tradition

den Dörfern des Hinterlandes im Zeichen von Gastronomie und Natur.

Feiertage

1. Januar *Neujahrstag*
Ostermontag; **1. Mai** *Tag der Arbeit;*
8. Mai *Kriegsende 1945; Christi Himmelfahrt; Pfingstmontag;*
14. Juli *Nationalfeiertag;*

15. August *Mariä Himmelfahrt;*
1. November *Allerheiligen;*
11. November *Waffenstillstand 1918;* **19. November** *Staatsfeiertag in Monaco;* **25. Dezember** *Weihnachten*

Feste und Veranstaltungen
Januar

Rallye Monte Carlo: Seit einem Jahrhundert der Jahresauftakt für den Motorsport mit spektakulären Bergetappen im Hinterland
Fête de St-Marcel in Barjols: Eines der ältesten provenzalischen Volksfeste zu Ehren des hl. Marcellus im Hinterland des Haut-Var mit Musik, Tanz, Umzug und Gottesdienst. Am Wochenende um den 16. Januar wird seit dem 14. Jh. ein Ochse geopfert
Zirkusfestival in Monaco: Die fürstliche Familie holt für eine Woche die besten Akrobaten und Clowns unter die Zirkuskuppel am Mittelmeer
Midem in Cannes: Internationale Messe Ende Januar im Festivalgebäude für Unterhaltungsmusik mit Dutzenden von Pop- und Rockkonzerten in der Stadt

Februar

Insider Tipp *Mimosenfest in Bormes-les-Mimosas:* Seit 1920 feiert das Dorf am dritten Sonntag im Februar die gelbe Blütenpracht der Mimosen und den Frühlingsbeginn mit Blumenkorso und Volksfest. Familiärer Charakter, auch wenn der französische Staatspräsident aus seinem Feriendomizil in Fort Brégançon oft zu Besuch kommt.
Karneval in Nizza: 3 Wochen lang im Februar Trubel. Jeden Tag Blumenschlachten, Konzerte, Straßentheater und eine riesige Technoparty
Zitronenfest in Menton: Nach dem Karneval von Nizza das zweitgrößte Fest an der Côte d'Azur. Die ganze Stadt steht 3 Wochen lang im Zeichen von Zitronen und Orangen: Blumenschlachten, Paraden und Bälle für 200 000 Besucher

März

Funboard-Weltcup in Hyères: Erste Regatta der Surfer Anfang März an den beiden Stränden zwischen Hyères und der Halbinsel von Giens

Mai/Juni

Filmfestspiele von Cannes: Seit 1946 im Mai das internationale Treffen der Großen des Filmes
Grand Prix von Monaco: Das einzige Formel-1-Autorennen, das mitten in einer Stadt ausgetragen wird
Bravade in St-Tropez: Prozession und Volksfest zu Ehren des Stadtheiligen Mitte Mai. Am 15. Juni Spanier-Bravade in St-Tropez

Juli

Jazz à Juan: Seit über 40 Jahren geht im Stadtwald von Juan-les-Pins das von Saxophonist Sidney Bechet gegründete, internationale Jazzfestival über die Bühne. *Zweite Julihälfte Jazzfestival Nizza:* In den Ruinen der römischen Arena geben sich Ende Juli die Weltstars des Jazz ein Stelldichein

August

Jasminfest in Grasse: Anfang August dreht sich eine Woche lang alles um die duftende Pflanze
Monaco Yacht Show: Die größten und verrücktesten Yachten Europas. *Ende September*

Oktober

Les Voiles de St-Tropez: Regatta »La Nioulargue« im Golf von St-Tropez. *Anfang Oktober*

Dezember

Hirtenweihnacht in Lucéram: Weihnachten feiern nach alter Tradition mit den Hirten im Hinterland von Nizza

Farbenfroh: Bravade in St-Tropez

Nicht nur ein Steuerparadies

In dem reichen Zwergstaat versteht man sich auf das Savoir-vivre

Das Fürstentum Monaco, mit 1,95 km^2 (195 ha) nach dem Vatikanstaat der kleinste souveräne Staat der Welt, hat zwei Zentren: das auf einem ins Meer ragenden Felsvorsprung gelegene Monaco-Ville und die auf der anderen Seite des Hafens gelegene mondäne Neustadt Monte Carlo. Dazwischen liegt das Hafen- und Geschäftsviertel La Condamine. Der Westrand des Territoriums schließt mit dem Industrieviertel Fontvieille ab. Das geschlossene Stadtgebiet reicht allerdings bereits weit über die engen Staatsgrenzen hinaus.

Beausoleil an den Hängen des Mont des Mules nördlich von Monte Carlo, gänzlich auf französischem Staatsgebiet gelegen, hat heute schon mehr Einwohner als die monegassischen Stadtteile La Condamine oder Monte Carlo. Auch die größeren Sportstätten des Fürstentums, Golfplatz, Country Club und die Strandanlage Monte Carlo Beach liegen außerhalb der Staatsgrenze – bei deren Überschreiten es keinerlei Kontrollen gibt.

In die Höhe gebaut: In Monaco finden 35000 Einwohner Platz

Monaco: Paradies für Formel 1-Fans

MONACO

Karte in der hinteren Umschlagklappe

[122 B5] Da das Gebiet des Fürstentums bis auf den letzten Quadratmeter verbaut ist, geht man als Ausweg einerseits in die Höhe – die Hafenfront mit ihren Hochhausbatterien erinnert an Hongkong –, andererseits hinaus ins Meer. In den letzten 30 Jahren wurden in Fontvieille und an der Ostgrenze um den Larvotto-Strand dem Meer durch Aufschüttungen rund 45 ha Land abgewonnen. Von den rund 35000 Einwohnern sind nur rund 6500 monegassische Staatsbürger, die von Steuern und Militärdienst befreit sind. Im Umkreis des »Rocher«, des Felsens, leben rund 11000 Franzosen, ca. 7000 Italiener und knapp über 800 Deutsche. Unter den »résidents« sind viele Millionäre, die das Steuerparadies Monaco lockt. Schutzmacht des Fürstentums ist Frankreich, mit dem eine Währungs- und Zollunion besteht. Staatssprache ist Französisch, Umgangssprache das Monegasco, ein ligurisch-provenzalisches Patois.

Die Geschichte des Fürstentums ist bis auf den heutigen Tag mit dem Geschlecht der Grimaldi verbunden. Die Genueser Patrizierfamilie war seit dem 13. Jh. an der Küste ansässig. 1297 wurde in einem Handstreich Monaco erobert, zehn Jahre später durch Kauf erworben. Das Haus Grimaldi ist zwar schon längst erloschen, doch die Erben des Fürstentitels (seit 1920 die Polignac) führten und führen den Namen der Dynastie weiter. Im Lauf der Jahrhunderte gelang es durch geschicktes Lavieren zwischen den großen politischen Blöcken Europas, die Selbstständigkeit des winzigen Staatswesens zu bewahren.

Mit der Errichtung des Spielcasinos begann um die Mitte des 19. Jhs. der Aufstieg zum Tummelplatz der Millionäre. Heute ist der Anteil des Casinos an den Staatseinnahmen auf schmale vier Prozent zurück gegangen. Den Löwenanteil der Erträge steuert der Tourismus bei. Als Kongressstadt ist Monte Carlo inzwischen zur ernsthaften Konkurrenz für Nizza und Cannes geworden.

Das Fürstentum wird zum Experimentierfeld für Architekten. Nach dem vor dem Casino ins Meer hineingebauten Geschäftszentrum Spélugues ist im Sommer 2000 das Grimaldi-Forum im Süden des Larvotto-Strandes eröffnet

»Spieltempel« aus der Belle Époque: das Casino von Monte Carlo

worden. Der neue Kongressort ist zu zwei Drittel unterhalb des Meeresspiegels gebaut. Völlig unter der Erde verschwunden ist der Bahnhof mit einem 13-stöckigen Parkhaus. Begonnen haben die Arbeiten für eine richtige Lagunenstadt im Meer an einer riesigen schwimmenden Mole im Condamine-Hafen. Für Fußgänger sind die vielen Aufzüge, die spielend die Höhenunterschiede in Monaco überwinden, ein Traum. Zwei Beispiele: der Lift vom Parkplatz Pêcheurs zum Ozeanografischen Museum und der Fahrstuhl vom Centre des Congrès zu der Dachterrasse des Casinos.

Inside Tipp

SEHENSWERTES

Fürstenschloss (Palais du Prince)
Über der malerischen Altstadt mit ihren verwinkelten Gassen und schattigen kleinen Plätzen erhebt sich das Fürstenschloss. Auf dem weiten Vorplatz mit seinen Kanönchen und Kugelpyramiden findet täglich zur Mittagszeit das Spektakel der Wachablösung statt – ein fixer Fototermin für die Touristen. Einige Teile des Baus reichen ins 13. Jh. zurück; die Zinnen sind purer Historismus. Die mächtigen

Befestigungsanlagen stammen aus dem 17. Jh. *Pl. du Palais, Besichtigung Juni–Sept. 9.30–18.30, Okt. 10–17 Uhr; Wachablösung tgl. 11.55 Uhr; Eintritt 4,50 Euro*

Grand Casino, Monte Carlo

★ Neben dem Ozeanografischen Museum zweifellos die größte Attraktion der Stadt. Charles Garnier, der Erbauer der Pariser Oper, errichtete 1878 diesen Prunkbau der Belle Époque. Das Casino liegt inmitten prächtiger Gartenanlagen auf einer ◀▶ Anhöhe über dem Meer. *Pl. du Casino, Salons Ordinaires tgl. ab 12, Salons Privés ab 15 Uhr*

Hafen

Der Hafen liegt im Hochhausstadtteil La Condamine. Hier liegen das ganze Jahr über Luxusyachten vor Anker. Die Mietpreise der Wohnungen variieren je nach Lage; aber auch die niedrigsten lassen selbst die Kummer gewohnten Pariser erbleichen.

Tiergarten (Jardin animalier)

Am äußersten Westrand des Stadtfelsens liegt die ◀▶ Terrassenanlage des Zoos mit schöner Aussicht auf das Meer und das Cap d'Ail. *Tgl. 10–12, 14–17 Uhr; Juni bis Sept. bis 19 Uhr; Eintritt 3 Euro*

Tropengarten (Jardin exotique)

★ In steiler Hanglage oberhalb von Fontvieille beherbergt der Park eine einmalige Ansammlung tropischer und subtropischer Steppen- und Wüstenpflanzen von seltener Pracht. Sehenswert sind vor allem die vielen Kakteenarten. ◀▶ Schöner Fernblick über Stadt und Hafen, das Cap Martin und die italienische Riviera. *Bd. du Jardin exotique, Mai bis Sept. 9–19, Okt.–April 9–18 Uhr; 6 Euro*

MARCO POLO Highlights
»Monaco und Umgebung«

★ **Grand Casino**
Die ewige Jagd nach dem Glück (Seite 29)

★ **Jardin exotique**
Die Kakteenwelt der Tropen (Seite 29)

★ **Ozeanografisches Museum**
Wohl das weltweit schönste Aquarium (Seite 30)

★ **Grande Corniche**
Vorbild für alle Panoramastraßen (Seite 31)

★ **Èze**
Felsennest mit Aussicht an der Moyenne Corniche (Seite 32)

★ **Menton, Parvis St-Michel**
Der barocke Platz als Bühne (Seite 32)

★ **Village perché de Roquebrune**
Ein Stück Mittelalter (Seite 33)

★ **La Turbie**
Das römische Siegesdenkmal (Seite 33)

MUSEEN

Napoleon-Museum und Palastarchiv

Im Fürstenschloss viele Erinnerungsstücke an und Dokumente über Napoleon, samt einem Überblick über die monegassische Geschichte. *Pl. du Palais, Di–So 10 bis 12, 14–17.30 Uhr, Juni–Sept. bis 18.30 Uhr, geschl. Jan., 3 Euro*

Nationales Puppen- und Automatenmuseum

Ein Kuriosum: 400 Puppen und 100 Automaten sind in einer von Charles Garnier entworfenen Belle-Epoque-Villa in Monte Carlo zu sehen. *Av. Princesse Grace, Ostern–Sept. tgl. 10–18.30, Okt.–Ostern bis 12.15, 14.30–18.30 Uhr, 4,50 Euro*

Ozeanografisches Museum (Musée océanographique)

⭐ Hoch über dem Meer am äußersten Rand des Stadtfelsens liegt das 1910 von Fürst Albert I., einem passionierten Meeresforscher, eingerichtete Institut von Weltruf. Das Museum, das 30 Jahre lang von dem französischen Tiefseetaucher Jacques-Yves Cousteau geleitet wurde, hat knapp hundert verschiedene Aquarien, in denen über 400 Fischarten vom Piranha bis zum Hai leben. Die ältesten Tiere erhalten ihr »Gnadenbrot« in einem eigenen Becken. Die Besichtigung ist mehrere Stunden lang spannend. ◊ Ein Tipp: Eine ==Pause in der Cafeteria auf der Dachterrasse== mit herrlichem Blick aufs Meer. *Av. St-Martin, April–Sept. tgl. 9–19 (Juli und Aug. bis 20 Uhr), März und Okt. 9.30–19 Uhr, Nov.–Feb. 10–18 Uhr, 9 Euro*

ESSEN & TRINKEN

La Cigale

Fischspezialitäten und hausgemachte *dolci* beim Hafen. *18, rue de Millo, Sa, So und Aug. geschl., Tel. 00377/93 30 16 14, €*

Gerhard's Café

Der Österreicher Gerhard Kilian hat im Hafen von Fontvieille eine Snackbar im Stil seiner Heimat eingerichtet. *42, quai des Sanbarbani, Port de Fontvieille, Kein Ruhetag, Tel. 00377/92 05 25 79, €–€€*

Louis XV

Alain Ducasse leitet hier eine der besten Küchen an der Côte d'Azur. *Hôtel de Paris, Pl. du Casino, Reservierung nötig, Tel. 00377/92 16 30 01, €€€*

Polpetta

Italienische Küche in drei Sälen, für Monte Carlo preiswert und gut. *2, rue Paradis, Di, Sa Mittag, 3 Wochen im Juni geschl., Tel. 00377/93 50 67 84, €–€€*

EINKAUFEN

Für Luxusartikel der Mode und des persönlichen Bedarfs ist die Stadt generell ein guter Boden. Man kauft nicht gerade billig, aber auch nicht überteuert ein. Die wohl interessantesten Geschäfte gibt es in Monte Carlo am *Boulevard des Moulins*, in der *Avenue des Spélugues* oder in der *Avenue des Beaux-Arts*.

ÜBERNACHTEN

Die Hotels befinden sich fast alle in Monte Carlo und sind das ganze

Jahr über ausgelastet. Also unbedingt vorher reservieren.

Insider Tipp

Centre de la Jeunesse Princesse Stéphanie

Sicher die preiswerteste Möglichkeit, in Monaco zu übernachten. Eine Jugendherberge für 16–32-Jährige, die nicht der internationalen Organisation angeschlossen ist. Die rosarote Villa aus der Wende zum 20. Jh. bietet 32 Schlafplätze, die im Juli und August noch aufgestockt werden. Frühstück und Bettzeug sind im Preis inbegriffen, es gibt auch eine Internetstation. Maximal für 5 Tage. *24, av. Prince Pierre, Tel. 00377/93 50 83 20, Fax 93 25 29 82, geschl. 15. Nov. bis 15. Dez., €*

Hôtel de France

In der Nähe des Bahnhofs gelegen. Einfaches, renoviertes, für Monaco preiswertes Haus. *26 Zi., 6, rue de la Turbie, Tel. 00377/93 30 24 64, www.monte-carlo.mc/france, €–€€*

Hôtel de Paris

Das Luxushotel gegenüber dem Casino mit Spitzenrestaurants wie dem Louis XV. Terrasse mit Aussicht. *197 Zi., pl. du Casino, Tel. 00377/92 16 30 00, Fax 93 25 59 17, www.sbm.mc, €€€*

FREIZEIT & SPORT

Ton angebend in Monaco ist der Segelspor, im Hafen drängen sich die Luxusyachten. Man kann auch andere Wassersportarten betreiben. Im Osten von Monte Carlo hat man einen Badestrand *(Plage du Larvotto)* und die Landzunge des Sporting Club aufgeschüttet.

AM ABEND

Die Prominenz von Monaco trifft sich in den kleinen, aber feinen Clubs. Seit Jahren Treffpunkte für die Schickeria sind *Sass Café (11, av. Princesse Grace, Tel. 00377/93 25 52 00, tgl. 20–5 Uhr)* oder das winzig kleine *Le Jimmy'z, (26, av. Princesse Grace, Tel. 00377/92 16 22 77, tgl. 23 Uhr bis zum Morgengrauen, Reservierung notwendig, Eintritt nur in Anzug und mit Krawatte).* Weniger mondän ist *Stars'N'Bars (6, quai Antoine-Ier, Tel. 00377/93 50 95 95, tgl. 11–2 Uhr, Tanz bis 5 Uhr)* mit Snackbar, Billard, Internetcafé und Livekonzerten.

AUSKUNFT

Direction du Tourisme et des Congrès

2 A, bd. des Moulins, Tel. 00377/92 16 61 16, Fax 92 16 60 00, www.monaco-congres.com

ZIELE IN DER UMGEBUNG

Corniches   [122 A–C 4–6]

Zwischen Menton und Nizza stoßen die Alpen bis ans Meer vor. Durch die Berge wurden zwei Panoramastraßen geschlagen, die Grande und die Moyenne Corniche; eine dritte, die Corniche Inférieure (auch Petite Corniche), verläuft entlang des Küstensaums.

★ Napoleon I. ließ die *Grande Corniche* entlang der römischen Via Aurelia errichten. Nach wie vor gehört die D 2564 zu den berühmtesten Panoramastraßen der Welt. Sie verläuft in schwindelnder Höhe 500 m über dem Meer und bietet überwältigende Ausblicke. Die größten Sehenswürdigkeiten an der Strecke sind Alt-Roquebrune gleich hinter der Ausfahrt aus Menton und das römische Siegesdenkmal von La Turbie im Nordosten von Monaco. Die Straße steigt bis zu einer Höhe von 550 m. Bei der Fahrt von Osten nach Westen stechen unter den zahlreichen Aussichtspunkten hervor: ◁▷ *Le Vistaëro* oberhalb von Monte Carlo Beach, ◁▷ die Terrasse von La Turbie, ◁▷ der *Col d'Èze* (512 m) und der benachbarte ◁▷ *Belvédère d'Èze*.

◁▷ Die *Moyenne Corniche,* N 7, vor dem Bau der Autobahn Hauptverkehrsader der Region, bietet herrliche Ausblicke wie z. B. vom *Mont des Mules* oberhalb von Monaco, vom *Plateau St-Michel* oberhalb von Beaulieu oder auch vom *Col de Villefranche*.

Èze [122 A5]

★ Das Felsendorf (2500 Ew.) in den Voralpen ist zweifellos das berühmteste und meistbesuchte *village perché*. ◁▷ Von hier hat man einen der schönsten Fernblicke der ganzen Küste. Rund um die Ruine auf der Bergspitze liegt der märchenhafte *Jardin exotique (Juni–15. Okt. 8.30–20 Uhr, 16. Okt.–Mai 9–12, 14–17.30 Uhr, Eintritt 2 Euro)*. Èze ist es das fotogene Musterbeispiel eines befestigten provenzalischen Bergdorfs.

Kurz vor dem Ort liegt das einfache Gasthaus *Auberge des Deux Corniches*. Einige Zimmer mit Blick aufs Meer *(7 Zi., rte. Col d'Eze, Tel. 04 93 41 19 54, geschl. 5. Nov.–20. Dez., €)*.
Auskunft: Office de Tourisme, pl. Géneral-de-Gaulle, Tel. 04 93 41 26 00, Fax 04 93 41 04 80

Menton [122 C4–5]

Das freundliche, schon italienisch geprägte Städtchen (30 000 Ew.) ist ein sympathischer Urlaubsort für die kleinere Börse. Aufgrund seiner geschützten Lage, umgeben von Gebirgsterrassen inmitten von Orangen- und Zitronenkulturen, gilt Menton als der wärmste Ferienort der Küste. Seit dem 14. Jh. stand die Stadt unter der Herrschaft der Grimaldi; 1860 trat Monaco Menton an Frankreich ab.

★ Der Kirchplatz der Michaelskirche *(Parvis St-Michel)* in der hübschen Altstadt gehört zu den schönsten architektonischen Ensembles der ganzen Küste. Bemerkenswert das grauweiße Kieselsteinpflaster mit dem Wappen der Grimaldi. Die Kirche St-Michel ist die größte Barockkirche der Region. Im Rathaus *(Hôtel de ville)* hat Jean Cocteau den Hochzeitssaal *(Salle des mariages)* ausgestattet. In einem kleinen Hafenfort ist ein Jean-Cocteau-Museum untergebracht (*Vieux Port, tgl. außer Di und feiertags 10–12, 14–18 Uhr, Eintritt frei)*. Eine Einkaufsadresse für Feinschmecker neben der Markthalle an der *Place aux Herbes*, ist das Maison Herbin mit seinen hausgemachten Konfitüren und eingemachten Gemüsesorten. Besichtigung der Fabrik: *Mi 10.30 Uhr, 2, rue du Vieux-Collège*

Auf Fischgerichte spezialisiert hat sich das Restaurant *La Calanque (13, square Victoria, Tel. 04 93 35 83 15, Mo geschl., €–€€)*. In einer Villa des 19. Jhs. mit Palmengarten betreibt die Familie Caravelli-Stiffa seit drei Generationen das *Hôtel Aiglon (29 Zi., 7, av. de la Madone, Tel. 04 93 57 55 55, www.hotelmen*

In die Felsen gebaut: das Bergdorf Èze mit phantastischer Aussicht

ton.com/hotel-l'aiglon, €€–€€€. Auskunft: Office du Tourisme, Palais de l'Europe, 8, av. Boyer, Tel. 04 92 41 76 76, www.villedemen ton.com

Roquebrune/ Cap-Martin [122 C4–5]

Heute ist die Doppelgemeinde (12 500 Ew.) mit Menton zusammengewachsen; sie umfasst die Halbinsel Cap Martin und reicht bis Monaco. Die Halbinsel Cap Martin im Westen von Menton, einst Ferienort gekrönter Häupter, ist auch heute noch die wohl exklusivste Adresse an der Côte d'Azur.

Entlang der Küste breitet sich der Badeort Roquebrune aus. 300 m höher liegt, von der Grande Corniche auf einer Stichstraße zu erreichen, das uralte Festungsdorf ★ Roquebrune-Village. Im Schutz seines sechstorigen Mauerrings schmiegt es sich um den Wohnturm (donjon) der gewaltigen Burg

(Fr, Mitte Nov.–Dez. geschl., Eintritt 3 Euro).

Auskunft: Office Municipal de Tourisme, 20, av. Paul-Doumer, Tel. 04 93 35 62 87, Fax 04 93 28 57 00

La Turbie [122 B5]

In 480 m Seehöhe steht das 38 m hohe ★ römische Siegesdenkmal, die *Trophée des Alpes*, errichtet 6 v. Chr. nach der Niederwerfung der kriegerischen Alpenstämme. Auf einem Steinsockel von 40 m Kantenlänge erhebt sich eine Säulenrotunde; über ihr stand vor langer Zeit eine Statue des Kaisers Augustus. Im Mittelalter wurde das Monument zur Festung umgebaut. Dadurch blieb es in seinen wesentlichen Teilen erhalten und ist heute sorgsam restauriert. Das Denkmal hat dem benachbarten Ort La Turbie den Namen gegeben. *April–20. Sept. tgl. außer Feiertage 9.30–18 Uhr, 21. Sept.–März tgl. außer Mo 10–17 Uhr, Eintritt 3,80 Euro*

Nizza ist die Metropole der Côte d'Azur

Die interessanteste Stadt an der Küste mit einer Fülle von Attraktionen

Nizza liegt wunderschön in der sanften Rundung der Engels-bucht *(Baie des Anges),* umgeben von der schützenden Kulisse der Voralpen. Von ihrem Kern unter-halb des Burghügels *(Butte du Château)* nahe der Mündung des Wildbachs Paillon hat sich die Stadt über das ganze weite Halb-rund der Bucht bis zum Flusstal des Var ausgebreitet. Der Paillon, dessen überbautes Flussbett heute von Parkanlagen und öffentlichen Gebäuden eingenommen wird, trennt die winkelige Altstadt von den weiten Straßenfluchten der Neustadt.

Entlang der Küste verläuft die von Palmen gesäumte *Promenade des Anglais,* unerreichtes Vorbild aller späteren Strandavenuen. Der Flughafen Nice-Côte d'Azur *(Tel. 04 93 21 30 30)* liegt auf einer Landzunge im äußersten Westen der Bucht – der Anflug bietet wun-derschöne Blicke auf die ganze Küste.

Ein – sündhaft teures – Unikat: das legendäre Belle-Époque-Hotel Negresco

Begehrt: der Strand von Nizza

NIZZA/NICE

Karte in der hinteren Umschlagklappe

[121 D2–3] Als Hauptstadt (340 000 Ew.) des Département Alpes-Mariti-mes, Sitz eines Bischofs und einer Universität, ist Nizza die unbestrit-tene Metropole der Küstenregion, ihr administratives, wirtschaftliches und kulturelles Zentrum. Dank sei-ner geschützten Lage und seines milden Klimas ist Nizza eines der ganz großen Fremdenverkehrszen-tren Europas. Im Sommer zieht es Millionen Sonnenhungrige an, im Winter hat die Saison mit dem le-gendären Karneval, der berühmt ist für seine außergewöhnlichen Feu-erwerke, ihren Höhepunkt.

Die Stadt blickt auf eine lange Geschichte zurück. Um 400 v. Chr. gründeten die griechischen Phokäer von Massalia (Marseille) aus die Niederlassung Nikaia (Nizza). Um 150 v. Chr. kamen die Römer und siedelten in Cemenelum (Cimiez), das in den Wirren der Völkerwanderung unterging. Nizza überlebte und teilte das Los der Grafschaft Provence. 1388 schloss sich die Stadt Savoyen an, 1860 kam sie mit Menton durch Volksabstimmung an Frankreich. Seither heißt sie offiziell Nice. An die Zeit der Savoyarden erinnert teilweise noch die Architektur.

Nizza war ab der Mitte des 19. Jh. das wichtigste Touristenzentrum an der Cote d'Azur. Verbrachten 1890 noch 22 000 Menschen ihren Winterurlaub in Nizza, waren es 1910 schon 150 000. Besonderen Einfluss übte der russische Adel aus. Die Kathedrale *St-Nicolas* mit ihren sechs Kuppeltürmen am Boulevard du Tsarevitch wurde 1912 von Mitgliedern der Zarenfamilie eingeweiht und ist heute noch das größte Bauwerk der russisch-orthodoxen Kirche außerhalb des Heimatlandes. Nikolaus, Sohn des Zaren Alexander II., starb 1866 in Nizza. Baron von Dewies, Gründer der russischen Eisenbahngesellschaft, ließ das *Château de Valrose* bauen, das sich heute im Besitz der Universität befindet.

SEHENSWERTES

Altstadt

★ Jahrzehntelang vernachlässigt und beinahe zum Armeleuteviertel abgesunken, ist die Altstadt *(Vieille Ville)* mit Oper, Märkten, Restaurants und Geschäften heute ein belebtes Viertel. In den weitgehend verkehrsberuhigten Gassen mit den Häusern aus dem 17. und 18. Jh. herrscht jenes südliche Treiben, das Besucher aus dem Norden so entzückt.

Das eindrucksvollste Bauwerk, aber gar nicht so einfach zu finden, ist der *Palais Lascaris (15, rue Droite, tgl. außer Mo 10–12, 14–18 Uhr; Eintritt frei),* der nach 1648 im Stil eines Genueser Palastes mit einer außergewöhnlichen Fassade und einer monumentalen Treppe in eine enge Gasse gebaut wurde. Zentrum der regen Geschäftstätigkeit an der Place St-François ist der *Fischmarkt.* Am Nordende der Altstadt liegt die von Arkaden umrahmte *Place Garibaldi* aus dem späten 18. Jh. mit dem Denkmal des in Nizza geborenen Freiheitshelden. Der Cours Saleya in Ufernähe war früher der Korso der vornehmen Gesellschaft; heute findet hier der *Blumenmarkt* statt.

Inside Tipp

Butte du Château

Steile Treppen, aber auch ein Lift führen auf den einstigen Burgberg (die Festung wurde 1706 gesprengt) im Osten der Altstadt. Das knapp 100 m hohe ◁▷ Plateau ist heute eine Erholungslandschaft mit weiten Grünflächen und einem großartigen Fernblick von der Aussichtswarte *(Belvédère).* Auf halbem Weg ist in einem alten Festungsturm, der Tour Bellanda, ein Schifffahrtsmuseum *(Musée Naval)* untergebracht. *Mi–Mo 10–12 und 14–19 Uhr; Okt.–Mai bis 17 Uhr; Eintritt frei*

Cimiez

Der hügelige, vornehme Villenvorort hat seinen Namen von

der Römersiedlung Cemenelum, von der einige Reste *(Ruines Romaines)* erhalten sind. Darunter befindet sicht eine Arena für 4000 Zuschauer, in der heute im Sommer Veranstaltungen wie das Jazzfestival stattfinden.

Die Pfarrkirche *(Eglise Notre-Dame-de-l'Assomption)* besitzt drei kostbare und sehenswerte Altaraufsätze aus der Malerschule von Nizza (Louis und Antoine Bréa). *3 km nördlich*

Parc Phoenix
Ein botanischer Garten, ein computergesteuertes »Naturoscope«, ein Disneyland der Pflanzenwelt ohne allen Kitsch. Ein Rundgang dauert ungefähr 3–4 Std. *Promenade des Anglais, nahe dem Flughafen, tgl. 9.30–19, im Winter bis 17 Uhr; Eintritt 6 Euro*

Promenade des Anglais
⭐ Für unsere Urgroßväter der Inbegriff luxuriöser Urlaubsfreuden: Die Prachtstraße am Meer entlang, gesäumt von Hotelpalästen wie dem 1912 gebauten *Negresco* mit seinen beiden roten Kuppeln, ist auch heute noch ein Erlebnis.

Chagall-Museum
⭐ Für diese größte Sammlung von Werken Marc Chagalls (1887 bis 1985), eine Stiftung des Malers, wurde 1972 in Cimiez ein eigenes Museumsgebäude errichtet. Kernstück ist die 17 Gemälde umfassende »Biblische Botschaft«, dazu Gouachen, Radierungen, Skizzen, Skulpturen und ein großes Mosaik. *Juli–Sept. tgl. außer Di 10–18, Okt.–Juni tgl. außer Di 10–17 Uhr;*

MARCO POLO Highlights
»Nizza und Umgebung«

⭐ **Altstadt von Nizza**
Ein Stück Italien mitten in Frankreich (Seite 36)

⭐ **Promenade des Anglais**
Auf Nizzas Prachtboulevard am Meer der Glanz der Belle Époque (Seite 37)

⭐ **Chagall-Museum**
Die weltweit größte Sammlung der Werke des Meisters (Seite 37)

⭐ **Märkte in Nizza**
Buntes südländisches Treiben und ein überreiches Angebot (Seite 39)

⭐ **Musée Fernand Léger**
Im Töpferdorf Biot das Legat der Witwe des Künstlers (Seite 41)

⭐ **Cap Ferrat**
Luxusvillen und Blütenpracht im Buen Retiro von Monarchen und Millionären (Seite 42)

⭐ **Matisse-Kapelle**
In Vence ein Hauptwerk des berühmten Malers (Seite 44)

⭐ **Fondation Maeght**
Wallfahrtsstätte für Liebhaber moderner Kunst in St-Paul (Seite 45)

Eintritt 3,80 Euro, av. du Docteur Ménard

Kunstmuseum – Musée des Beaux-Arts Jules Chéret

Die Sammlung in dem 1876 erbauten Fürstenpalais konzentriert sich vor allem auf die französische Malerei des 18. und 19. Jhs. Schwerpunkte: Jules Chéret, Hubert Robert, Fragonard, aber auch Impressionisten wie Degas oder Sisley. *Tgl. außer Mo 10–12, 14 bis 18 Uhr, Eintritt 3,80 Euro, av. des Baumettes*

Museum asiatischer Kunst

Das jüngste Museum der Stadt, von dem japanischen Architekten Kenzo Tange mutig und elegant in den Parc Phoenix hineingebaut. *Promenade des Anglais, nahe Flughafen, tgl. außer Di 10–17, im Sommer bis 18 Uhr, Eintritt 4,50 Euro*

Matisse-Museum

In einer Villa in italienischem Stil aus dem 17. Jh. nahe den Ruinen von Cimiez erhalten Sie einen repräsentativen Überblick über das Werk des Malers Henri Matisse (1869–1954), der in Nizza begraben liegt: 30 Ölgemälde, dazu Zeichnungen, Skizzen, Entwürfe, Illustrationen. *April–Sept. tgl. außer Di 10–18, Okt.–März 10 bis 17 Uhr, Eintritt 3,80 Euro, 164, av. des Arènes*

Museum für moderne und zeitgenössische Kunst

Insider Tipp

Das 1990 eingeweihte Bauwerk der Architekten Yves Bayard und Henri Vidal am Tor zur Altstadt ist mit seinen vier Marmortürmen der ideale Ausstellungsraum für die französische und amerikanische Avantgarde seit den 1960er-Jahren. Glanzstück ist der Saal mit Arbeiten des in Nizza geborenen Künstlers Yves Klein (1928–1962), darunter befinden sich einige seiner berühmten »blauen Bilder«. Im dritten Stock kann man die Popart mit Werken von Warhol, Rauschenberg und Wesselmann sehen. Und oben auf der Dachterrasse mit Blick auf Nizza die »Feuermauer« von Yves Klein. *Tgl. außer Di 11–18, Fr bis 22 Uhr, Eintritt 3,80 Euro, promenade des Arts*

Museum Naiver Malerei

In einem Schloss, das der Gründer des Casinos von Monte Carlo vor den Toren der Stadt bauen ließ, sind 600 Werke naiver Maler untergebracht, eine Schenkung des Kunstkritikers Anatole Jakovsky. *Tgl. außer Di 10–12, 14–18 Uhr, Eintritt 3,80 Euro, Château Ste-Hélène, av. Val-Marie*

ESSEN & TRINKEN

La Barque Bleue

Bei Einheimischen beliebt, bietet das italienische Restaurant besondere Spezialitäten aus Kalabrien und Sizilien an. Direkt am Hafen. *Kein Ruhetag, 7, quais des Deux Emmanuel, Tel. 04 93 55 39 74, €*

Café de Turin

Die Institution in Nizza für frische Meeresfrüchte. Austern schlürfen kann man hier zu jeder Tageszeit. *Kein Ruhetag, 5, pl. Garibaldi, Tel. 04 93 62 29 52, €*

La Merenda

Insider Tipp

Winziges Restaurant mit 24 Plätzen, das ein Geheimtipp bleiben möchte. Kein Telefon, also persönlich reservieren. Lokale Spezialitäten, alles frisch vom Markt: z. B. Ratatouille. *Sa, So geschl., 4, rue de la Terrasse, €€*

Für Mode ist die *Rue Paradis* die erste Adresse. Eine Institution für den Erwerb von Olivenöl ist Nicolas Alziari, *14, rue St-François de Paule*. Das Spezialitätengeschäft für eingelegte Früchte, *Maison Auer, 7, rue St-Français de Paule*, bietet auch Schokolade und Pralinen an Stöbern kann man auf dem kleinen Antiquitätenmarkt, *Les Puces de Nice*, am Hafen in der *rue de la Douane*.

Für seine ⭐ Märkte in der Altstadt wird Nizza im ganzen Land beneidet. Zur Institution wurde mittlerweile der Fischmarkt *(tgl. außer Mo 6–13 Uhr)* auf der Place St-François, wo Selbstversorger ein riesiges Angebot an Fischen und Meeresfrüchten erwartet. Ein paar Schritte weiter auf dem Cours Saleya gibt es Blumen im Überfluss auf dem *Blumenmarkt (tgl. außer Mo und So nachm. von 6–17.30 Uhr)*, dazu kommt noch der *Lebensmittelmarkt (tgl. außer Mo 7–13 Uhr)*. Selbst am Montag ist der Cours Saleya belegt, wenn dort Trödler und Antiquitätenhändler herrschen.

Nizza verfügt über 10 000 Zimmer in etwa 200 Hotels aller Kategorien, darunter überraschend preiswerte Angebote, vor allem in Bahnhofsnähe.

Brice

In einer alten Villa mit Palmengarten untergebracht. *58 Zi., 44, rue du Maréchal Joffre, Tel. 04 93 88 14 44, Fax 04 93 87 38 54, www.webstore.fr/ hotel-brice, €€*

Negresco

Seit 1912 das Hotel von Nizza schlechthin. Glanz der Belle Épo-

Das Negresco ist mit kostbaren antiken Möbeln eingerichtet

Cafés und Restaurants säumen den Cours Saleya in Nizza

que, edles altes Mobiliar. *155 Zi., 37, promenade des Anglais, Tel. 04 93 16 64 00, Fax 04 93 88 35 68, €€€*

La Pérouse

Am Ende der Bucht unterhalb des Château. Ruhig gelegen mit einem schönen Blick. *63 Zi., 11, quai Rauba-Capeu, Tel. 04 93 62 34 63, www.hroy.com/la-perouse, €€€, Restaurant. (März–Sept.) €€€*

Petit Louvre

Einfaches, aber charmantes und preisgünstiges Haus mit kleinen Zimmern für junge Leute. *35 Zi., 10, rue Emma-Tirenty, Tel. 04 93 80 15 54, Nov., Dez., Jan. geschl., €, petitlouvre@aol.com*

Windsor

Mitten in der Stadt, aber mit Garten und nah am Meer. Ein Teil der 62 Zimmer wurde von Künstlern wie Lawrence Weiner, Ben oder Raymond Hains dekoriert. *11, rue Dalpazzo, Tel. 04 93 88 59 35, www.webstore.fr/windsor, €€*

FREIZEIT & SPORT

Das Sportangebot ist praktisch unbegrenzt. An erster Stelle steht naturgemäß der Wassersport. Tauchfahrten und -kurse organisiert z. B. *Nice Diving (26, blvd. Stalingrad, Tel. 0493894244, März–Sept tgl. außer So Nachmittag, www.nice diving.com).* Ausfahrten mit eigenem Boot, auch Anfängerkurse.

AM ABEND

Nizza bietet Abendunterhaltung für jeden Geschmack: viele Kinos, Tanzlokale und Nachtclubs, dazu drei Casinos. 🏃 Die Jugend trifft sich abends in der Altstadt rund um den Cours Saleya.

Chez Wayne

🏃 Funk, Rock und Jazz, Pubatmosphäre, relativ teuer. *15, rue de La Préfecture*

La Douche

🏃 Cybercafé mit Pub und Veranstaltungen. *34, Cours Saleya, tgl. bis 2.30 Uhr, ladouche@wanadoo.fr*

Iguane Café

🏃 Musik und Tanz am Hafen täglich von 22–4 Uhr. *5, quai Deux-Emmanuels*

AUSKUNFT

Office de Tourisme
Umfangreiches Informationsmaterial auch in deutscher Sprache. Entweder am Bahnhof *(av. Thiers, Tel. 04 93 87 07 07)*, in Flughafennähe *(Nice Ferber, promenade des Anglais, Tel. 04 93 83 32 64)* oder über *www.nicetourism.com* (mit deutschen Seiten)

ZIELE IN DER UMGEBUNG

Beaulieu-sur-Mer   [121 D–E 2–3]
Am Fuß der Halbinsel liegt im Innern des Golfs von St-Hospice der traditionsreiche Badeort (4 000 Ew.). Mit seiner dekorativen Palmenpromenade und einem kleinen Casino strahlt Beaulieu den leicht verwitterten, nostalgischen Glanz eines mondänen Seebads vergangener Tage aus. Anschluss an das Heute sucht der moderne Yachthafen mit 800 Liegeplätzen.

An der Spitze der kleinen Landzunge, die die reizvolle Ameisenbucht *(Baie des Fourmis)* umschließt, liegt die *Villa Kérylos*, Anfang des 20. Jhs. erbaut von dem Archäologen Théodore Reinach –

der Spleen eines reichen Mannes. Die Nachbildung eines vornehmen Hauses im klassischen Griechenland ist mit edlem Mobiliar eingerichtet. *Mitte Feb.–Mitte Nov. tgl. 10.30–18, Juli, Aug. bis 19 Uhr, Mitte Dez.–Mitte Feb. tgl. 14–18, Sa, So 10.30–18 Uhr, Eintritt 7 Euro.*

Auskunft: Office de Tourisme, pl. Clémenceau, Tel. 04 93 01 02 21, Fax 04 93 01 44 04

Biot   [120 B4]
Das alte Töpferdorf (5500 Ew.) auf halbem Weg zwischen Nizza und Cannes mit seinem malerischen Ortskern *(Place des Arcades)* ist eines der Zentren des wiedererweckten Kunstgewerbes an der Côte d'Azur. Neben der traditionellen Keramikproduktion haben hier auch die Goldschmiedekunst und vor allem die Glasbläserei eine Heimstatt gefunden. Außerdem liegen rund um Biot riesige Rosen- und Nelkenfelder.

Kunstfreunde pilgern ins ★ *Musée National Fernand Léger.* Der moderne Bau liegt in einem Park etwas außerhalb des Ortes. Er beherbergt 348 Werke Fernand Légers (1881–1955), ein Legat der Witwe des Malers an den französischen Staat. Die ganze Breitseite der Fassade wird von einem monumentalen Mosaik eingenommen, das ursprünglich einmal für das Fußballstadion in Hannover geplant war *(Mi–Mo 10–12.30, 14–17.30 Uhr, Sommer bis 18 Uhr, Eintritt 4,50 Euro).*

In einem 🏃 Laubenhaus aus dem 15. Jh. bietet das *Hotel-Café des Arcades* (Tel. 04 93 65 01 04, €€) neben etwas zu teurer provenzalischer Küche auch wunderschöne Zimmer *(€–€€)*. Auf jeden Fall

Insider Tipp

lohnt ein Besuch im Kellergewölbe, in dem das Wirtspaar Mimi und André Bothier seit über 40 Jahren seine **Kunstschätze** (Vasarely, Léger, etc.) hortet.

Insider Tipp

Auskunft: Office de Tourisme, pl. de la Chapelle, Tel. 04 93 65 78 00, www.biot-coteazur.com

Cagnes-sur-Mer   [120 B–C 3–4]

In der Hügellandschaft voller Obst- und Blumenkulturen am Flusstal des Var breitet sich *Cagnes-Ville* (41 000 Ew.) mit dem Stadtteil *Cros-de-Cagnes* und dem Nachbar *Villeneuve-Loubet* immer weiter entlang der Küste aus. Die kleine, ummauerte Altstadt *(Haut-de-Cagnes)* liegt landeinwärts auf einem Hügel zu Füßen des zinnengekrönten Grimaldi-Schlosses. Um den Renaissanceinnenhof sind zwei Geschichts- und Kunstmuseen angelegt *(tgl. außer Di 10–12, 14–17 Uhr; im Sommer bis 18 Uhr; Eintritt 3 Euro).*

In einem Villenvorort liegt *Les Domaines des Collettes*, das Wohnhaus des Impressionisten Auguste Renoir, heute als Gedenkstätte fast unverändert erhalten *(tgl. außer Di 10–12, 14–17, im Sommer bis 18 Uhr; Eintritt 3 Euro).*

Direkt am Meer steht keine 2 km von der Pferderennbahn *(hippodrome)* entfernt die Feriensiedlung *Marina Baie des Anges*, vier gigantische Hochhäuser in Pyramidenform mit elegant geschwungener Fassade.

Insider Tipp

In der Altstadt von Villeneuve ist das *Musée de l'Art Culinaire* im Geburtshaus von Auguste Escoffier (1847–1935), des Vaters der modernen Kochkunst, eingerichtet *(Di–So 14–18 Uhr; Nov. geschl., Eintritt 1,60 Euro).*

Ein lohnender Ausflug führt auf der D 18 nach *St-Jeannet*, von dort zu Fuß auf den ◁◁▷ *Baou St-Jeannet* (440 m) mit großartiger Aussicht landeinwärts.

Auskunft: Office du Tourisme, 6, bd. Maréchal-Juin, Tel. 04 93 20 61 64, www.tourisme.fr/cagnes

Cap Ferrat   [121 D–E3]

★ Die lang gestreckte Halbinsel ragt 3,5 km weit ins Meer hinaus und bildet den Abschluss der Engelsbucht gegen Osten. Ihre große landschaftliche Schönheit und die Abgeschiedenheit, die ihr buchten- und klippenreicher Verlauf bietet, hat sie von Anfang an zu jenem Refugium der Reichen gemacht, das sie heute noch ist. Neben dem Cap Martin bei Menton ist das Cap Ferrat nach wie vor die exklusivste Adresse an der Küste. Das Cap ist ein einziges großes Villenviertel, sehr ruhig, sehr vornehm, sehr zurückgenommen. Üppige Gartenanlagen mit hohen Bäumen umgeben gepflegte Privatgrundstücke und hochherrschaftliche Ansitze.

Kurz vor dem Ersten Weltkrieg ließ Madame Ephrussi, eine geborene Rothschild, zur Aufnahme ihrer Kunstsammlung eine prunkvolle Villa errichten, die sie samt Inhalt

Rothschild-Museum in Cap Ferrat

und dem 7 ha großen französischen Park der Pariser Akademie der Schönen Künste vermachte. So wurde aus der verschwenderisch ausgestatteten Villa »Ile de France« das heutige *Musée Ephrussi de Rothschild,* mit Gemälden und Plastiken aus fünf Jahrhunderten sowie kostbaren Möbeln und Einrichtungsgegenständen. Schöner Park *(tgl. 10–18, Juli, Aug. bis 19 Uhr, Eintritt 7,50 Euro).*

St-Jean-Cap-Ferrat (2200 Ew.) liegt an der Ostseite der Halbinsel. Das frühere Fischerdorf ist heute in erster Linie die administrative Anlaufstelle für die feine Villensiedlung, in der nach wie vor viel Prominenz ganz abgeschieden hinter weißen Mauern lebt. Im Ortszentrum von St-Jean mit Blick auf den kleinen Hafen kann man im Restaurant *Le Provençal (2, av. Sémeria, Tel. 04 93 76 03 97, €€–€€€, Feb. geschl.)* hohe Kochkunst genießen.

In vorgeschobener Lage am Steilabfall des Kaps liegt eines der klassischen Luxushotels der Côte d' Azur: das 1908 erbaute, elegant modernisierte ◁▷ *Grand Hôtel du Cap Ferrat (62 Zi., bd. du Général-de-Gaulle, Tel. 04 93 76 50 50, Fax 04 93 76 04 52, €€€)* in einem weiten Parkgelände mit herrlicher Fernsicht.

Auskunft: Office de Tourisme, 59, av. Séméria, Tel. 04 93 76 08 90

Villefranche-sur-Mer [121 D–E3]
Im Westen der Halbinsel liegt an einer von bewaldeten Hügeln umgebenen Bucht Villefranche-sur-Mer (11 500 Ew.). Die Altstadt hat ihr ursprüngliches Gepräge bewahrt. In der alten Zitadelle der Herzöge von Savoyen sind zwei Museen unter-

gebracht, die zum einen Werke eines hiesigen Künstlers, zum anderen Werke von u. a. Miró und Picasso zeigen. Die Peterskapelle *(Chapelle St-Pierre)* nahe dem Hafen wurde 1957 von Jean Cocteau ausgemalt. *Di–So 10–12, 16–20.30 (Sommer), 9.30–12, 14–17 Uhr (Winter), Eintritt 1,80 Euro*

Auskunft: Office de Tourisme, square F.-Binon, Tel. 04 93 01 73 68, www.villefranche-sur-mer.com

VENCE

[118 B2–3] Inmitten einer fruchtbaren Landschaft mit Weinbergen und ausgedehnten Obst- und Blumenkulturen, landeinwärts zwischen Nizza und Antibes gelegen, hat die alte Bischofsstadt (15 000 Ew.), eine römische Gründung, als einer der ersten Orte an der Côte d'Azur Künstler angezogen: Hier lebten die berühmten französischen Maler Marc Chagall, Raoul Dufy, Henri Matisse und der Schriftsteller Paul Valéry.

SEHENSWERTES

Altstadt
Die Altstadt von Vence liegt malerisch auf einem Felsplateau. Teile der elliptischen Stadtmauer (13. Jh.) und die fünf Stadttore (15.–18. Jh.) sind erhalten. Der Haupteingang wird überragt von einem mächtigen viereckigen Turm neben dem Schloss der früheren Herren von Vence (15. Jh.). Die Altstadt mit ihren Läden und Kunstwerkstätten weist einige hübsche Plätze auf, so die Place de Peyra unmittelbar hinter dem Stadttor mit ihrem schönen

urnenförmigen Brunnen. Auch die damalige Kathedrale ist sehenswert. Sie besitzt ein Taufbecken mit einem Mosaik von Marc Chagall und ein interessantes Chorgestühl (15. Jh.).

Rosenkranzkapelle (Chapelle du Rosaire; Chapelle Matisse)

⭐ Etwas außerhalb der Stadt, am nördlichen Rand, steht die Kapelle der Dominikanerinnen, die Henri Matisse 1947 bis 1951 entwarf und ausstattete. Große Grafiken, die biblische Geschichten zum Thema haben, stehen in reizvollem Kontrast zum Weiß des Innenraums. Von der äußeren Form bis zum kleinsten innenarchitektonischen Detail – Einrichtung, Glasfenster, Wandzeichnungen: ein Gesamtkunstwerk besonderer Art, das vor allem Matisse-Liebhaber immer wieder anlockt. *Av. Henri Matisse, Mo, Mi, Sa 14–17.30, Di, Sa 10–11.30, 14–17.30 Uhr; Nov. geschl.*

ESSEN & TRINKEN

L'Auberge des Seigneurs

Traditioneller provenzalischer Gasthof in ruhiger Lage, nah beim Schloss. Die zehn Zimmer der Herberge sind nach berühmten Malern benannt. *Di mittags und Mo geschl., pl. du Frêne, Tell 04 93 58 04 24, Fax 04 93 24 08 01, €€*

Le Pêcheur de Soleil

Hier bekommen Sie Pizza in 500 Varianten – gleich hinter der Kathedrale. *1, pl. Godeau, Tel. 04 93 58 32 56, Weihnachtsferien, 1. Februarwoche, Okt.–März So, Mo geschl., €*

EINKAUFEN

Kunsthandwerk findet man in reicher Auswahl; eventuell auch Werke bildender Künstler, die in den zahlreichen Galerien der Stadt ausgestellt sind. Auch gute Weine (La Gaude, St-Jeannet), Schnittblumen und Obst.

ÜBERNACHTEN

Miramar

〽 Hotel mit Garten am Rand des Plateaus, Fernsicht, aber leider kein Restaurant. *17 Zi., rue St-Michel, Tel. 04 93 58 01 32, Fax 04 93 58 01 32, €€, www.hotel-miramar-vence.com*

Villa Roseraie

〽 14 kleine, mit provenzalischen Möbeln ausgestattete Zimmer in einer Villa von 1900 mit Skulpturen auf der Terrasse und einem Garten mit Palmen. Es gibt auch ein Schwimmbad. *Rte. de Coursegoules, Tel. 04 93 58 02 20, €€*

AUSKUNFT

Office de Tourisme

Pl. du Grand-Jardin, Tel. 04 93 58 06 38, Fax 04 93 58 91 81

ZIELE IN DER UMGEBUNG

St-Paul-de-Vence   [118 B3]

Das Städtchen (3000 Ew.) in malerischer Höhenlage oberhalb des Flusstals des Var, 4 km von Vence entfernt, gehörte einmal zum Kranz der französischen Grenzfesten gegenüber Savoyen-Piemont. Hinter seiner fast unversehrten Stadtmauer aus dem 16. Jh. hat St-Paul sich seinen mittelalterlichen

Charakter bewahren können. Hauptattraktion ist die etwas außerhalb gelegene ⭐ *Fondation Maeght,* eine der weltweit bedeutendsten Sammlungen moderner Kunst, ein Museum, das selbst ein Kunstwerk ist.

Das Gebäude des spanischen Architekten Josep Lluis Sert aus rotem Backstein und hellem Beton fügt sich harmonisch in die Landschaft ein, die gleichsam als architektonisches Element in den weiten Ausstellungsbereich einbezogen ist. Große Künstler, von Miró bis Calder, haben an dem Bau und seiner Ausstattung mitgewirkt. Der Fundus des Museums umfasst alle großen Namen der Moderne, mit Schwerpunkt Frankreich. *Tgl. 10–12.30, 14.30–18, Sommer 10–19 Uhr, Eintritt 6,80 Euro*

Das wohl berühmteste Restaurant der gesamten Küste ist die legendäre *Colombe d'Or* mit ihrer unvergleichlichen Gemäldesamm-

Im Garten der Fondation Maeght

lung moderner Meister, die hier einst tafelten. Auch 26 Zimmer *(Pl. des Ormeaux, Tel. 04 93 32 80 02, Fax 04 93 32 77 78, €€€).*

Übernachten kann man der *Hostellerie les Remparts* im Zentrum von St-Paul. Die 14 Zimmer sind nett eingerichtet. *(72, rue Grande, Tel. 0493320988, Fax 0493320691, www.stpaulweb. com/remparts, €€).*

Auskunft: Maison de la Tour, rue Grande, Tel. 04 93 32 86 95, Fax 04 93 58 91 81

Meister des Wortes

Schriftsteller aus aller Welt ließen sich von der Küste inspirieren

St-Tropez (...) bei aller Liebe – aber dann schon lieber Neuruppin. Am Hafen liegt ein Gewirr von Tauen und Segelleinwand, überall drücken sich Männer herum, es ist schmutzig und dürftig.« Das schrieb Kurt Tucholsky, als er im November 1925 in St-Tropez ankam. Die harsche Kritik des deutschen Satirikers ließ viele seiner Kollegen kalt. Friedrich Nietzsche hatte 40 Jahre vorher den »Zarathustra« in Èze vollendet. Die Neuseeländerin Katherine Mansfield lebte und arbeitete in den 1920-er Jahren einige Zeit in Menton. Nach dem Zweiten Weltkrieg holte sich die Pariser Crème der Literatur die Inspirationen an der Côte d'Azur, darunter Françoise Sagan. Die Engländer William Somerset Maugham und Graham Greene schrieben ihr Spätwerk auf Cap Ferrat und in Nizza.

Einmal im Jahr Zentrum des Films

Der Küstensaum von Cannes bis Fréjus ist die Wiege des Fremdenverkehrs

K eine 35 km von Nizza entfernt ist Cannes, eine Stadt von rund 70 000 Ew. (mit Einzugsgebiet sind es etwa 135 000 Menschen), der zweite Angelpunkt des Lebens an der Côte d'Azur. Die Stadt wirkt vor allem durch ihre Lage am Golfe de la Napoule, dem sie ihre betörende Schauseite zuwendet. Ihr vorgelagert findet man die Iles de Lérin.

Sonne pur am Strand von Cannes

Gebettet in eine überreiche subtropische Vegetation, die das milde Klima mit sich bringt, ist Cannes heute auch ein modernes Kongresszentrum mit Erinnerungen an die Belle Époque, mit eleganten Geschäften, Hotelpalästen, Spielcasinos und Yachtclubs – eine heitermondäne Stadt. Von hier bis Menton erstreckt sich die »Französische Riviera« im engeren Sinn.

ANTIBES

[120 B5] Knappe 10 km hinter Cannes im westlichsten Winkel der Engelsbucht *(Baie des Anges)* gelegen, die in weitem Bogen über Nizza bis zur Halbinsel Cap Ferrat

Cannes: Ein Sandstrand zieht sich am Boulevard de la Croisette entlang

schwingt, ist Antibes, am Fuß der gleichnamigen Halbinsel, eine der touristischen Hauptattraktionen der Côte d'Azur, dazu ein landwirtschaftliches Zentrum und Sitz einer agrarwissenschaftlichen Hochschule. Die bereits im 5. Jh. von den Phokäern gegründete Stadt bildet heute mit seinen Nachbarorten – Cap d´Antibes und Juan-les-Pins gehören dazu – ein zusammenhängendes Wohngebiet mit rund 80 000 Einwohnern.

SEHENSWERTES

Altstadt

Von den gewaltigen Fortifikationen, die der legendäre Festungsbaumeister Vauban gegen Ende des 17. Jhs. aufbauen ließ, sind die Uferbefestigung *(remparts)* über der Felsenküste sowie das mächtige

Café in der Altstadt von Antibes

Fort Carré im Norden der Altstadt erhalten. Die Mauern ziehen sich eindrucksvoll am Hafen entlang, auch ein Spaziergang durch das Gewirr der mittelalterlichen Gassen empfiehlt sich. In der Rue de la Pompe entdeckt man ein großes, steinernes Waschbecken *(lavoir)* aus dem 18. Jh., das heute noch benutzt wird.

Auf dem am höchsten gelegenen Punkt der Halbinsel Cap d'Antibes, dem 💥 *Plateau de la Garoupe*, genießt man einen herrlichen Blick über die Engelsbucht hinüber nach Nizza und, bei klarer Sicht ins Landesinnere, bis zu den Gipfeln der Alpen. Gleich daneben der Leuchtturm *(phare)*, einer der stärksten an der nördlichen Mittelmeerküste. Unterhalb des Plateaus breitet sich die tropische Pracht des *Jardin Thu-*

ret auf 4 ha aus. Dieser älteste unter den exotischen Gärten der Côte d'Azur wurde bereits 1856 angelegt. *Mo–Fr 8–17.30 Uhr*

MUSEUM

Musée Picasso

⭐ In dem zinnengekrönten *Château Grimaldi* hoch über dem Meer befindet sich eines der bemerkenswertesten Museen an der Küste. 1946 hatte der Meister hier in der Burg eine Saison lang ein Atelier bezogen und die damals entstandenen Werke später dem Museum vermacht. Ausgestellt sind an die 200 Werke Pablo Picassos, Gemälde, Lithographien, Zeichnungen und Keramiken sowie die berühmte Skulptur der »Ziege«; ferner Arbeiten von Calder, Léger und Modigliani bis zu Max Ernst und Hans Hartung. Ein großer Saal ist allein dem Russen Nicolas de Staël gewidmet. *Pl. du Château, tgl. außer Mo 10–12, 15–19 Uhr (Sommer), 10–12, 14–18 Uhr (Winter), im Nov. geschl., Eintritt 4,50 Euro*

`Inside Tipp`

ESSEN & TRINKEN

L'Auberge Provençale

Mitten in der Altstadt an einem hübschen Platz. Das Restaurant glänzt mit seinen Fischgerichten und der Weinkarte. Auch 6 Zimmer. Ein Traum ist das Hotelzimmer »Joséphine« mit dem Himmelbett. *61, pl. Nationale, Tel. 04 93 34 13 24, Fax 04 93 34 89 88, €*

`Inside Tipp`

Le Safranier

Provenzalische Spezialitäten wie die *petits farcis* oder Fischgerichte in schöner Atmosphäre im Altstadtteil Le Safranier. *Mo geschl., 1, pl. du Safranier, Tel. 04 93 34 80 50, €*

Le Bosquet
Gästezimmer in einer umgebauten Bastide aus dem 18. Jh., in der schon Guy de Maupassant seine Ferien verbracht hat, im Norden des Cap d'Antibes. *3 Zi., 14, chemin des Sables, Tel. 0493340604, Fax 0493673229, €€*

Hôtel du Cap
⭐ Das Luxushotel im prächtigen Villenviertel hat nur in der Sommersaison geöffnet. Das hauseigene Schwimmbad ist nicht nur für Hotelgäste geöffnet, aber mit rund 60 Euro für Liege und Sonnenschirm pro Tag sicher kein billiges Vergnügen. Aber wo sonst hat man schon die Gelegenheit, im Refugium der

Superreichen zu schwimmen. Es gibt auch ein (ebenfalls teures) Restaurant. *123 Zi., bd. Kennedy, Tel. 04 93 61 39 01, €€€, www.eden roc-hotel.fr*

Relais du Postillon
Kleine, aber saubere Zimmer am Altstadtrand, Personal spricht deutsch. *15 Zi., 8, rue Championnet, Tel. 04 93 34 20 77, €€–€€€, www.relais-postillon. com*

Legend Café
🏃 Gute Stimmung und junge Leute im Dekor eines umgedrehten Schiffsrumpfes. *Pl. Audibert, tgl. bis 2.30 Uhr*

La Siesta
🏃 In der riesigen Diskothek mit sieben Tanzflächen, zum Teil im

---

MARCO POLO Highlights
»Cannes und Umgebung«

⭐ **Musée Picasso**
In Antibes – Gemälde, Skulpturen und Keramiken der Galionsfigur der modernen Kunst
(Seite 48)

⭐ **Hôtel du Cap**
Eine Luxusrefugium der Reichen und Superreichen
(Seite 49)

⭐ **Croisette**
Die Antwort von Cannes auf Nizzas Promenade des Anglais (Seite 51)

⭐ **Lerinische Inseln**
Im alten Staatsgefängnis das Rätsel um den Mann mit der eisernen Maske
(Seite 54)

⭐ **Mougins**
Essen wie Gott in Frankreich
(Seite 55)

⭐ **Vallauris**
Hier hat Picasso lange gelebt
(Seite 55)

⭐ **Grasse**
Die Welthauptstadt des Parfüms (Seite 56)

In der Bucht vor Juan-les-Pins kann man sehr gut Wassersport betreiben

Freien, ist wohl für ein paar Tausend Leute Platz. Nur im Sommer geöffnet. *Route du bord de mer, Richtung Nizza*

AUSKUNFT

Maison de Tourisme
11, pl. General-de-Gaulle, Tel. 04 92 90 53 00, www.antibes-juan lespins.com

ZIELE IN DER UMGEBUNG

Juan-les-Pins   [120 B5]
Am Westrand der Halbinsel schließt Juan-les-Pins nahtlos an Antibes an. Das heute so mondäne Seebad am Ausgang des Golfe Juan entstand aus einer Eisenbahnhaltestelle, die 1881 beim Bau der Küstenbahn in eine Pinienwaldung in Küstennähe eingerichtet wurde. Um den Bahnhof entwickelte sich eine Siedlung. Hier der Pinienwald, dort der Golfe Juan – Juan-les-Pins war geboren. Der Aufstieg zum Seebad kam dann in den 1920er-Jahren. Von Anfang an hat Juan-les-Pins ähnlich wie Antibes ein zahlungskräftiges Publikum angesprochen und es verstanden, das hohe Niveau zu halten. Mit seinen Luxushotels und schicken Boutiquen, dem schönen, 3 km langen Sandstrand, dem Kongresszentrum, einem Casino und dem Yachthafen Port-Gallice präsentiert es sich heute nach wie vor in gepflegter Eleganz.

Vom Hafen fahren Ausflugsschiffe zu den Lerinischen Inseln. *Auskunft: Maison du Tourisme, 57, bd. Ch.-Guillaumont, Tel. 04 92 90 53 05*

CANNES

Karte in der hinteren Umschlagklappe

[120 A5–6] Der Aufstieg eines kleinen Fischerdorfs zu einem mondänen Badeort verläuft in der Regel in einer mehr oder weniger ruhigen, stetigen Entwicklung. Im Falle von

Cannes kann man diesen Aufstieg allerdings auf den Tag genau festsetzen: Als 1834 der englische Staatsmann Lord Henry Brougham mit seiner Tochter zur Erholung nach Nizza reiste, war die Grenze (Nizza gehörte damals noch zu Savoyen) wegen einer Cholera-Epidemie gesperrt, so dass die beiden nicht einreisen konnten. Der Lord beschloss, im nächsten Ort – eben Cannes – das Ende der Quarantäne abzuwarten. Dabei verliebte er sich in den kleinen Ort; er ließ Nizza Nizza sein, baute sich bald darauf in Cannes ein Haus und verbrachte dort den Winter. Sein Beispiel machte unter der englischen Aristokratie Schule, und der Ruf von Cannes als Winterkurort war gemacht. Eine Statue am Hafen erinnert an den Lord.

Vor diesem denkwürdigen Ereignis war die Geschichte an Cannes sozusagen vorbeigegangen, obwohl der Ort durchaus eine Vergangenheit hat – an den Hängen des Stadtberges Mont-Chevalier stand ein römisches Kastell, aus dem sich die Siedlung Le Suquet entwickelte, die Altstadt von Cannes. Der Name Cannes selbst leitet sich von dem in der Gegend häufigen Schilfrohr – *canne* – ab.

SEHENSWERTES

Altstadt Le Suquet
Ein hübscher Spaziergang führt über die *rue Félix Fauve* mit dem *Blumenmarkt,* vorbei an den *Allées de la Liberté,* wo alte Männer Pétanque spielen, durch schmale Gassen hinauf zum *Mont-Chevalier,* auf dessen Gipfel die *Tour du Mont-Chevalier* (oder *Tour du Suquet*) steht, ein ⚜ viereckiger

Wachtturm aus dem 12. Jh. *(Schlüssel im Kastell-Museum).* Die Kirche *Notre-Dame de l'Espérance* ist ein Kuriosum: Es handelt sich hier um eines jener späten Werke der provenzalischen Gotik, die bis ins 17. Jh. weiterlebte. Nach Baubeginn im 16. Jh. wurde sie erst 1648 fertiggestellt.

Boulevard de la Croisette
⭐ Mit ihren Palmen und Grünflächen wetteifert die breite Prachtstraße am Meeresufer mit der Promenade des Anglais in Nizza. Mindestens ein Plus hat sie gegenüber ihrer Konkurrentin zu verzeichnen: den besseren – aber stets übervollen – Badestrand. Zwar ist auch hier nicht überall Sandstrand, aber solange es schick ist, nimmt man auch den harten Uferkies in Kauf.

Am Beginn des Boulevards steht auf einer Landzunge am Hafen das mächtige Festspielhaus *(Palais des Festivals et des Congrès)*, das für die Filmfestspiele und die Messen technische Perfektion bietet, aber nicht zu Unrecht »der Bunker« genannt wird.

Hafen
In dem belebten Hafen – auf der einen Seite wird er vom Festspielhaus, auf der anderen von der Häuserfront der Altstadt begrenzt – liegen Fischerboote neben eleganten Segelyachten. Von hier aus läuft der Linienschiffsverkehr zu den Lerinischen Inseln.

MUSEUM

Kastell-Museum (Musée de la Castre)
In den noch erhaltenen Teilen der Burg der Äbte von Lérins, die in

vergangenen Tagen hier das Hoheitsrecht ausübten, ist eine respektable völkerkundliche Sammlung mit Exponaten aus fünf Kontinenten untergebracht, darunter auch griechisch-römische Funde. *Okt.–März tgl. außer Di 10–12, 14–17, April–Juni bis 18 Uhr, Juli–Sept. 10–12, 15–19 Uhr, geschl. Jan. und Feiertage, Le Suquet, Eintritt 1,50 Euro*

ESSEN & TRINKEN

In der Rue Félix Faure sowie in der Rue Rouguière und am Quai St-Pierre beim Hafen liegt ein Restaurant neben dem anderen.

Aux bons enfants
Kleines, angenehmes Restaurant, das regionale Küche und leckere Fischspezialitäten anbietet. *80, rue Meynadier, kein Telefon, So geschl., €*

La Mère Besson
Eine kulinarische Institution: provenzalische Küche. Rustikal, aber nicht billig. *13, rue des Frères Pradignac, Tel. 04 93 39 59 24, So geschl., €€*

La Palme d'Or
Luxusrestaurant im Art-déco-Rahmen. *Hôtel Martinez, 73, bd. de la Croisette, Tel. 04 92 98 74 14, Mo, Di geschl., €€*

Planet Hollywood
🏃 Restaurant und Bar im amerikanischen Stil, üppig dekoriert mit Requisiten aus Hollywood. Mit eigener Boutique ausgestattet, liegt es gegenüber dem Festivalbunker. *1, alleés de la Liberté, Tel. 04 93 06 78 27, kein Ruhetag, €*

EINKAUFEN

Die Hauptgeschäftsstraßen von Cannes sind die *Rue Meynadier*, die von der Altstadt Le Suquet in Richtung Bahnhof verläuft, und die *Rue d'Antibes*, ein Stück stadteinwärts von der Croisette, ungefähr parallel zu dieser verlaufend. In der Fußgängerzone der Rue Meynadier dominieren exquisite Lebensmittelgeschäfte wie die Käsehandlung *Céneri & Fils*. In der Rue d'Antibes findet man die eleganten Modegeschäfte. In den mit Platanen bestandenen Allées de la Liberté am Alten Hafen findet täglich in der Frühe ein Blumenmarkt statt. Besonders schön ist die alte Markthalle, *Marché Forville*, ein Dorado für jene, die sich gern den Gaumenfreuden hingeben.

ÜBERNACHTEN

Es gibt in der Festspielstadt rund 110 Hotels mit ca. 5000 Zimmern aller Kategorien, außerdem noch Studios, Ferienwohnungen und Villen, die zu mieten sind. Wegen der starken Lärmbelästigung (die N 7 führt der Länge nach durch die Stadt) haben viele Zimmer schallisolierte Fenster.

Albert I.
Familiäres Haus mit Oleanderbüschen auf der Terrasse. *11 Zi., 68, av. de Grasse, Tel. 04 93 39 24 04, € –€€*

Atlantis
In einer Seitenstraße nicht weit vom Bahnhof und vom Strand entfernt. Sauna. *38 Zi., 4, rue du 24 Août, Tel. 04 93 39 18 72, Tel., € –€€, hotel.atlantis@wanadoo.fr*

Carlton Inter-Continental

Grandhotel der alten Schule, zur Festivalzeit Hauptquartier der Filmleute. Privatstrand. Casino im 7. Stock. *323 Zi., 58, bd. de la Croisette, Tel. 04 93 06 40 06, €€€, mit Nobelrestaurant Belle Otéro, geschl. Juni und 28. Okt.–13. Nov., €€€, www.interconti.com*

Le Chanteclair

🏃 Eines der zahlreichen Billighotels für junge Leute, einfach, zentral, aber doch ruhig gelegen. *15 Zi., 12, rue Forville, Tel. 04 93 39 68 88, Nov. geschl., €*

Florian

Nettes Hotel zwischen Bahnhof und Strand. *20 Zi., 8, rue Cdt.-André, Tel. 04 93 39 24 82, Nov.–15. Jan geschl., €–€€*

Hotel Carlton: ein Grandhotel

auch Diskotheken und Clubs aller Art und Preisklassen. Die Palette reicht von *Jimmy's* im Festspielpalast *(in der Saison tgl. ab 22 Uhr, sonst nur Fr–So)* bis zum Liveclub *Caliente (83, bd. de la Croisette, tgl. ab 19 Uhr, im Winter Mo und Di geschl.)* und dem *Vogue* für junge Leute *(20, rue du Suquet, Di–So ab 22 Uhr).*

FREIZEIT & SPORT

Wassersport in allen Varianten, Segeln, Surfen, Wasserski, Tauchen – in allen Sparten wird Unterricht erteilt. Der relativ breite Strand vor der Croisette ist im Sommer stets überbelegt. Einen Sandstrand bietet Palm Beach an der Pointe de la Croisette. Zu Füßen der Altstadt hinter dem Hafen beginnt ein langer Kiesstrand *(Plage du Midi, Plage de la Bocca)*, der sich bis La Napoule hinzieht. Tennisplätze gibt es in Hülle und Fülle.

AM ABEND

Natürlich gibt es für Volljährige die *Spielcasinos* im Hotel Carlton, im Festspielhaus und im Palm Beach auf der Pointe de la Croisette *(Juni–Okt. tgl. ab 16 Uhr).* Aber für die Jugend und den Jetset gibt es

AUSKUNFT

Direction Générale du Tourisme et des Congrès

Palais des Festivals, Espl. Prés.-G.-Pompidou, Tel. 04 93 39 24 53, Fax 04 92 99 84 23, im Winter tgl. außer So 9–18.30, im Sommer tgl. 9–20 Uhr

Offizielle Internetseite der Stadt Cannes in englischer und französischer Sprache: *www.cannes-online.com*

ZIELE IN DER UMGEBUNG

Le Cannet-Rocheville   [120 A5]

Unmittelbar an Cannes anschließend und optisch ein Ortsteil der Stadt, ist Le Cannet (37 000 Ew.) nichtsdestoweniger eine selbstständige Gemeinde, die, höher und zwischen grünen Hügeln gelegen, als Luftkurort beliebt ist. Die Altstadt liegt terrassenförmig an der 110 m hohen Hügelkuppe. *Auskunft: Office de Toourisme, av. Campon, Tel. 04 93 45 34 27, www.mairie-le-cannet.fr*

Lerinische Inseln   [120 A–B6]

★ Die kleinen Felseninseln in der Bucht von Cannes im Süden der Stadt, dem Cap d'Antibes schräg gegenüber, sind ein beliebtes Ausflugsziel. Auf beiden Inseln gibt es keine Übernachtungsmöglichkeiten.

Die Insel *Ste-Marguerite,* die größte der Lerinischen Inseln (Länge 3 km, Breite 900 m), ist dicht bewaldet, vor allem mit Kiefern und Eukalyptus, und befindet sich in Staatsbesitz. Ein botanischer Lehrpfad *(circuit botanique et naturaliste)* führt durch die reiche Vegetation. Die Insel war schon in der Römerzeit besiedelt. Richelieu ließ das Fort erbauen, das später als Staatsgefängnis diente. Sein berühmtester Insasse war der »Mann mit der eisernen Maske«, dessen Geheimnis nie gelüftet wurde und der 1703 in der Pariser Bastille starb. Viel später war hier der Marschall Bazaine eingekerkert, der in einem Sen-

sationsprozess wegen Feigheit vor dem Feind (er hatte 1870 im deutsch-französischen Krieg die Festung Metz übergeben) zu lebenslänglichem Kerker verurteilt worden war. Doch es gelang ihm zu fliehen.

Auch auf *St-Honorat* bewegen Sie sich auf historischem Boden: Hier gründete der hl. Honoratius 410 das erste abendländische Kloster. 660 wurde die Benediktinerregel eingeführt. Das Kloster wurde immer wieder von Seeräubern geplündert. Während der Französischen Revolution wurde es aufgelöst und 1869 von Zisterziensern neu gegründet. Obwohl die ganze Insel im Besitz des Ordens ist, steht sie zur Besichtigung offen. Neben hübschen Spaziergängen durch die bewaldete Insel empfiehlt sich das alte befestigte Kloster aus dem 11. Jh. zur Besichtigung. Interessant auch die uralte Dreifaltigkeitskapelle *(Chapelle de la Trinité)* an der Ostspitze. Sie zeigt byzantinischen Einfluss.

Zur Inselgruppe gehören ferner die beiden unbewohnten Felseneilande *Île de la Tradelière* und *St-Féreol.*

Sprachbarrieren

Selbst mit einer Zwei in Französisch nützen einem gespitzte Ohren wenig

Zweifeln Sie nicht an Ihren französischen Sprachkenntnissen, wenn Sie dem Gespräch der Leute auf der Straße nicht folgen können – untereinander reden sie oft in einem lokalen Patois, einer Kombination von Ligurisch (das wiederum recht wenig mit der italienischen Hochsprache zu tun hat), Provenzalisch und natürlich auch Französisch, das alles in einer Mischung, die dem Uneingeweihten auf ewig unverständlich bleibt.

Regelmäßiger Bootsverkehr von Cannes *(Tel. 04 93 39 11 82, im Winter 4-mal tgl., im Sommer alle halbe Stunde, Preis 11 Euro).*

Mougins [120 A5]

Mougins (13 000 Ew.), im blühenden Hinterland von Cannes auf einer exponierten Hügelkuppe gelegen, hat mit seinen alten Häusern, den Resten der Befestigungsanlage und dem Sarazenentor aus dem 15. Jh. einen eigenen Charme. Dazu tragen auch die Ateliers und Läden der Kunsthandwerker bei, die sich in dem hübschen Ort niedergelassen haben. Sie geben dem Leben und Treiben eine heitere, fröhliche Note. Mit seinen vielen ★ Restaurants ist Mougins auch ein beliebtes Ziel der Feinschmecker.

Pablo Picasso hat von 1961 bis zu seinem Tod 1973 im Landhaus *Notre-Dame-de-Vie (6 km nördlich, keine Besichtigung)* gewohnt. Erinnerungen an ihn birgt das *Fotografiemuseum (Mi–So 13–18 Uhr, Juli, Aug. 14–23 Uhr, geschl. Nov., Eintritt 1 Euro)* hinter der Kirche. In 5 km Entfernung liegt an direkt an der Autobahn das Automobilmuseum, das Kunstsammler Adrien Maeght 1984 eröffnete *(Musée de l'Automobiliste, tgl. 10–18, im Sommer bis 19 Uhr, Eintritt 6 Euro).*

Auskunft: Syndicat d'Initiative, 15, av. Ch-Mallet, Tel. 04 93 75 87 67, www.mougins-coteazur. org

La Napoule [119 F5]

Der erste Ort an der 1903 angelegten Uferstraße von Cannes nach St-Raphaël, die auch Corniche d'Or, also Goldene Corniche genannt wird. La Napoule-Plage, ein Ortsteil der Mimosenhauptstadt Mandelieu, die gut 4 km landeinwärts liegt, ist ein hübscher, aufstrebender Badeort, der über einen 7 km langen aus Sand und Kies aufgeschütteten Strand verfügt. Wer in La Napoule Urlaub macht, kann, wenn er will, den Trubel in Cannes mitmachen, muss es aber nicht.

Wahrzeichen des Ortes ist die malerische, zinnenbewehrte Burg, die auf einem Felsrücken ins Meer ragt – ein Stück Mittelalter aus dem 20. Jh., Spielzeug eines etwas spleenigen Amerikaners. Mit zwei Yachthäfen und 2000 Liegeplätzen ist La Napoule eines der Segelzentren an der Küste.

Auskunft: Office du Tourisme, av. Henry-Clews, Tel. 04 93 49 95 31 und 340, rue Jean-Monnet, Mandelieu, Tel. 04 92 97 86 46, www.ot-mandelieu.fr

Théoule-sur-Mer [119 F5]

Am Ausgang der Bucht von Cannes stoßen die roten Felsen des Esterel-Gebirges schon direkt bis zum Wasser vor. Die Badeplätze liegen also an Klippen und Buchten von oft atemberaubender Schönheit. Die Burg am Strand von Théoule mit ihren Türmchen und Zinnen war ursprünglich eine Seifensiederei.

Auskunft: Office du Tourisme, 1, bd. de la Corniche d'Or, Tel. 04 93 49 28 28, www.ot-theoulesur-mer.fr

Vallauris [120 A5]

★ Vallauris, das heute Teil des Urbankomplexes von Cannes ist, war in der Vergangenheit für seine Töpferkunst berühmt. 1947 kam Pablo Picasso in den Ort und interessierte sich für Keramikarbeiten. Dieser Umstand genügte, um das danieder liegende Gewerbe zu aktivieren und eine fast vergessene Kunstfertigkeit neu zu beleben. Heute ist der Name Vallauris weit über die Côte d'Azur hinaus als Synonym für gehobene Töpferarbeit bekannt. Auf dem Marktplatz steht eine Bronzeplastik von Pablo Picasso. Das »Château«, die ehemalige Propstei des Klosters St-Honorat (Lérins), ist einer der wenigen Renaissancebauten der Gegend. Die romanische Kapelle beherbergt Picassos Monumentalgemälde »Krieg und Frieden« von 1952 *(Mi–Mo 10–12, 14–18, Sommer 10–18.30 Uhr; Eintritt 2,60 Euro).* Zum Gemeindegebiet gehört auch Golfe-Juan, wo Napoleon im März 1815 bei seiner Rückkehr von Elba landete.

Auskunft: Office de Tourisme, square du-8-Mai-1945, Tel. 04 93 63 82 58, Tourisme.Vgj@ wanadoo.fr

GRASSE

[119 E–F3] ★ Von ihrer Hanglage blickt die Stadt Grasse (38 000 Ew.) über das inzwischen leider stark verbaute Hügelland. Die Welthauptstadt der erlesenen Düfte kam zu ihrer Stellung fast durch Zufall. Im Mittelalter war Grasse eine Stadtrepublik mit alter Gewerbetradition. Die Gerber stellten feine Lederhandschuhe her. Als gegen 1600 die Mode aufkam, die Handschuhe zu parfümieren, warf man sich in Grasse auch auf die Destillation von Duftstoffen. Aus dem Nebenerwerbszweig wurde das Hauptgeschäft, und so ist es geblieben. Ein zarter Duft begleitet Sie auch heute noch durch die Straßen der Stadt.

SEHENSWERTES

Altstadt

Die Altstadt von Grasse, auf der Kuppe einer felsigen Anhöhe gelegen, hat sich seit dem 18. Jh. kaum verändert. Besonders hübsch ist die von Laubengängen umschlossene *Place aux Aires* mit ihrem Brunnen. Der Zugang zur Altstadt erfolgt über die Terrasse der ◥ *Place du Cours* mit herrlichem Fernblick. Einer der ältesten Bauten ist der Wachtturm aus rotem Tuffstein (12. Jh.) im Verband des Rathauses, des ehemaligen Bischofspalastes. Vom Platz hinter der Kathedrale (bemerkenswertes Triptychon von Louis Bréa um 1500) haben Sie eine prächtige Fernsicht.

Aussichtspunkte

◥ Weitere großartige Ausblicke über die Berge des Tanneron und des Esterel-Massivs bis zum Meer bieten sowohl der Stadtpark *La Corniche* im Norden der Stadt wie auch der etwas tiefer gelegene Garten der Prinzessin Pauline.

Parfümfabriken

Mehrere Parfümfabriken können besichtigt werden, zum Beispiel *Galimard (73, rte. de Cannes)* und *Molinard (60, blv. Victor Hugo),* wo man Parfüm auch in den Verkaufshallen erwerben kann.

MUSEEN

Marinemuseum

In einem alten Palais: Segelschiffmodelle aus vielen Jahrhunderten. *Juni–Sept. tgl. 10–19, Okt.–Mai tgl. außer So 10–12, 14–18 Uhr, 2, bd. du Jeu-de-Ballon, Eintritt 3 Euro*

Museum für Kunst und Geschichte der Provence

In einem Stadtpalais aus dem 18. Jh. ist die Volkskundesammlung mit dem Schwerpunkt Keramik untergebracht. *Juni–Sept. tgl. 10–19, Okt.–Mai Mi–So 10–12, 14–17 Uhr, 2, rue Mirabeau, Eintritt 3 Euro*

Parfümmuseum

3000 Jahre Parfümgeschichte mit allen Facetten der Duftherstellung. *Juni–Sept. tgl. 10–19, Okt.–Mai Mi–So 10–12, 14–17 Uhr, 8, place du Cours, Eintritt 3,80 Euro*

Villa Fragonard

Das Landhaus aus dem 17. Jh. mit seinem schönen Park war 1790 bis 1791 Zufluchtsort für Rokokomaler Jean-Honoré Fragonard, dem berühmtesten Sohn der Stadt. Gemälde, Zeichnungen, Skizzen und eine Kopie der berühmten Bilderserie für Madame Dubarry, die 1915 nach New York verkauft wurde. *Juni–Sept. tgl. 10–19, Okt.–Mai Mi–So 10–12, 14–17 Uhr, Nov. geschl., 23, bd. Fragonard, Eintritt 3,80 Euro*

Parfümherstellung in Grasse

La Galerie Gourmande

Schöner Saal mit Arkaden in Naturstein und im Sommer Gartenterrasse in der Altstadt. *Rue des Fabreries, Tel. 04 93 36 80 69, Nebensaison So Abend und Mo geschl., €*

Parfum – direkt bei den Herstellern Fragonard, Galimard und Molinard. Auf der zauberhaften, mit Ulmen bestandenen *Place aux Aires* gibt es täglich (außer Mo) frühmorgens einen Markt.

Les Palmiers

Insider Tipp

Kleine, für die Region sehr günstige Pension mit Gärtchen, das im Sommer nach Jasmin duftet. Hierher kommen viele Stammgäste, deshalb ist die frühe Reservierung dringend angeraten. *13 Zi., 17, av. Yves Beaudoin, Tel. 04 93 36 07 24, €*

Hôtel des Parfums

Das erste Haus am Platz. Mit Garten, Schwimmbad, Restaurant und Blick auf die Altstadt. *71 Zi., bd. Charabot, Tel. 04 92 42 35 35, www.hoteldesparfums.com, €€*

Palais des Congrès

22, Cours Honoré Cresp, Tel. 04 93 36 66 66, www.ville-grasse.fr

Zwischen Fréjus und Hyères

Der Westen der Côte d'Azur ist ein Badeparadies par excellence

Der schmale Küstenstreifen zwischen St-Raphaël und Hyères liegt zu Füßen der Vorgebirgsketten. Das Massif des Maures im Süden und das Massif de l'Esterel im extremen Osten des Départements Var sind das Rückgrat der Region, die mit dem Massentourismus der letzten Jahrzehnte ihren Aufschwung genommen hat. Während die Küste als Badegebiet par excellence gilt, ist das Hinterland besonders für Naturfreunde interessant.

Grand Casino in St-Raphaël

FRÉJUS/ST-RAPHAËL

[126–127 C–D 1–2] Im Flusstal des Argens zwischen dem Esterel-Vorgebirge und dem Massif des Maures bilden die beiden ehemaligen Römerstädte Fréjus und St-Raphaël heute einen geschlossenen Urbankomplex mit zusammen rund 100 000 Einwohnern.

Fréjus geht zurück auf das römische Forum Iulii. Interessant sind vor allem die archäologischen Stätten aus dieser Zeit.

Die schroffen Felsen des Esterel-Massivs stehen in Kontrast zur wohnbar gemachten Küste

SEHENSWERTES

Domviertel (Cité épiscopale)

★ Das befestigte Domviertel von Fréjus im Zentrum der mittelalterlichen Stadt ist das bedeutendste Bauensemble an der Côte d'Azur. Es umfasst die Kathedrale, die Taufkirche, den Kreuzgang und den Bischofspalast. Die zweischiffige *Kathedrale* aus dem 12./13. Jh. ist ein schönes Beispiel der provenzalischen Frühgotik.

Großartig die kleine, intime Taufkirche *(baptistère),* einer der ältesten Kirchenbauten Frankreichs (5. Jh.). Rund um das zentrale Taufbecken im Achteck Nischen mit Mosaikfußböden, dazwischen befinden sich schwarze Granitsäulen. Der zweigeschossige *Kreuzgang* (11.–13. Jh.) mit Spitz- und Rund-

bogenarkaden hat eine mit Bild-
tafeln geschmückte Balkendecke
aus dem 15. Jh.

Das ehemalige *Bischofspalais*
(14. Jh.) dient heute als Rathaus.
*April–Sept. tgl. 9–19, sonst tgl. au-
ßer Mo 9–12, 14–17 Uhr; pl. For-
migé, Eintritt 3,80 Euro*

Römische Funde

Die Reste der alten Römerstadt sind
über das ganze Stadtgebiet von Fréjus verstreut. Auch vom *Aquädukt*,
das die Stadt aus einer Entfernung
von 40 km mit frischem Wasser
versorgte, sind noch einige Bögen
erhalten. Sehenswert ist das *Am-
phitheater* mit einem Fassungsver-
mögen von 10 000 Personen. In der
114 m langen und 82 m breiten
Arena finden im Sommer Stier-
kämpfe statt. *Tgl. außer Di
9.30–12, 14–18.30, im Winter tgl.
außer Di 9–12, 14–16.30 Uhr, rue
Henri Vadon, Eintritt frei*

Archäologisches Museum Fréjus

Reiche Sammlung von römischen
und gallorömischen Funden, darunter ein doppelköpfiger Hermes.
*Domviertel, April–Sept. tgl. 9 bis
19, sonst tgl. außer Mo 9–12 und
14–17 Uhr, Eintritt 3,80 Euro*

Archäologisches Museum
St-Raphaël

Neben dem romanischen Raf-
faelskirchlein (12. Jh.) in der Altstadt. Fundstücke aus dem Meer,
vor allem Amphoren. *Rue Vieille
Église, 15. April–15. Sept. tgl. außer Di 10–12 und 15–19 Uhr,
sonst tgl. außer So 10–12 und 14
bis 18 Uhr, Nov. geschl., Eintritt
frei*

Pastorel

Terrassenlokal in der Altstadt im
Hotel Epulies. *54, rue de la Liberté,
St-Raphaël, Tel. 04 94 95 02 36,
€€*

Le Vieux Four

Das Herzeigelokal von Fréjus. Rus-
tikales Dekor. Man reserviert besser
vorher. *57, rue Grisolle, Tel.
04 94 51 56 38, €€€ –€€*

Provenzalisches Kunsthandwerk, vor
allem Töpferwaren und Obst der
Saison – berühmt sind die Pfirsiche.

Die Spitzenhotels liegen außerhalb
der Stadt.

Beau Séjour

Einfacheres, freundliches Hotel, nur
im Sommer geöffnet. *38 Zi., Promenade René-Coty, St-Raphaël, Tel.
04 94 95 03 75, Fax 04 94 83 89 99,
€ –€€*

Sable et Soleil

Familiäres Urlaubshotel nahe dem
Strand von Fréjus-Plage. *20 Zi., 158,
rue P.-Arène, Tel. 04 94 51 08 70,
Fax 04 94 53 49 12, €*

Sol e Mar

Sommerhotel am Strand von
Dramont, 6 km von St-Raphaël entfernt an der Route Corniche d'Or
(RN 98). Es bietet Schwimmbad sowie ein Restaurant mit schöner
Aussichtsterrasse. *46 Zi., Tel.
04 94 95 25 60, Fax 04 94 83 83 61,
€€*

AM ABEND

St-Raphaël besitzt ein Casino, in Fréjus-Plage locken viele Diskos (z.B. *La Playa, bd. de la Libération, Juli/Aug. tgl., sonst Do–Sa ab 23 Uhr).*

FREIZEIT & SPORT

St-Raphaël (mit Fréjus-Plage) ist einer der beliebten Badeorte der Côte d'Azur. Hier kann man alle Arten von ✗ Wassersport betreiben. Yachthafen mit 1800 Liegeplätzen

AUSKUNFT

Office Municipal de Tourisme
Rue Jean-Jaurès, Fréjus, Tel. 04 94 17 19 19, Fax 04 94 51 00 26, www.frejus.com

Office de Tourisme
Rue Waldeck-Rousseau, St-Raphaël, Tel. 04 94 19 52 52, Fax 04 94 83 85 40, www.saint-raphael.com

ZIELE IN DER UMGEBUNG

Cap du Dramont [127 E1–2]
Die Felsnase bildet den Abschluss der Corniche d'Or. Unbedingt zu empfehlen ist der Abstecher auf dem Küstenwanderpfad, dem *sentier littoral* (2 Std. zu Fuß hin und zurück), zum ◀▶ *Leuchtturm von Le Dramont.* Der Weg vom kreisrund geschnittenen Strand *Camp Long* führt zum Strand von Dramont, der schon zu den Wassersportzentren von St-Raphaël zählt. Dort erinnert ein Denkmal an die Landung der amerikanischen Truppen am 15. August 1944.

MARCO POLO Highlights
»Die westliche Küste«

⭐ **Fréjus, Domviertel**
Das bemerkenswerteste historische Bauensemble der Côte d'Azur (Seite 59)

⭐ **Esterel-Massiv**
Prachtvolle Rundfahrten durch die roten Felsen des Vorgebirges (Seite 62)

⭐ **Hyerische Inseln**
Auf zwei Inseln regiert der Naturschutz, auf der dritten sonnen sich die Naturisten (Seite 64)

⭐ **Corniche des Maures**
Die westlichste Küstenstraße der Côte d'Azur (Seite 66)

⭐ **St-Tropez**
Erinnerungen an die wilden 1960er-Jahre … (Seite 67)

⭐ **St-Tropez, Musée de l'Annonciade**
Ein repräsentativer Querschnitt durch die Kunst des 20. Jhs. (Seite 68)

⭐ **Port-Grimaud**
Oft kopiert, nie erreicht: eine moderne Feriensiedlung, auf »alt« getrimmt (Seite 69)

⭐ **Ramatuelle**
Ein reizvolles Gebirgsdorf im Inneren der Halbinsel von St-Tropez (Seite 69)

Rotblaues Farbenspiel in Anthéor beim Cap du Dramont

Esterel-Gebirge [119 D–E6]

★ Das Mittelgebirge zwischen La Napoule und St-Raphaël ist zusammen mit dem Massif des Maures der Rest einer alten Urgebirgsscholle. Das Esterel-Massiv besteht aus vulkanischem Gestein – Porphyr, das in allen Farben von Gelb und Grün über Blaugrau und Violett leuchtet. Am eindrucksvollsten aber sind die roten Felsen, die *rochers rouges*. Aufgrund seiner starken Gliederung bietet das Gebirge eine Fülle grandioser Aussichtspunkte. Schöne Ziele für Ausflugsfahrten, zumeist mit einem kleinen Fußmarsch verbunden, oder für Wanderungen sind der ⚡ Pic du Cap Roux (452 m) oder der ⚡ Pic de l'Ours (496 m).

Les Issambres [126 C3]

Zusammen mit den Stationen *Val d'Esquières*, *San Peïre* und *Les Calanques* ein Touristikzentrum zwischen dem Meer und bewaldeten Hügeln mit kleinen Badebuchten. Direkt an der Nationalstraße RN 98 liegt das Restaurant *La Réserve*, das exquisite Fischspezialitäten auf einer Terrasse serviert *(RN 98, Tel. 04 94 96 90 41, kein Ruhetag, Dez. und Jan. geschl., im Nov. nur Fr, Sa und So, €–€€)*.

Insider Tipp

Le Trayas [119 E–F6]

Einer der winzigen Badeorte im Küstenabschnitt. Idyllisch an einer Calanque liegt das Hotel *Le Relais des Calanques*. Schwimmbad, Privatstrand, Wassersportangebot und schattige Plätzchen im originell dekorierten Gelände machen das Haus vor allem in der Nebensaison zu einem preiswerten Geheimtipp *(14 Zi., Corniche d'Or, Le Trayas, St-Raphaël, Tel. 04 94 44 14 06, Fax 04 94 44 10 93, Restaurant Okt.–April geschl., €–€€)*.

Insider Tipp

HYÈRES

[124 B4] Hyères (knapp 50 000 Ew.) vereinigt eine Reihe von Superlativen: Es ist der westlichste,

DIE WESTLICHE KÜSTE

südlichste und außerdem der älteste Badeort der Côte d'Azur, den bereits Mitte des 18. Jhs. die Offiziere der britischen Mittelmeerflotte für ihre Erholung entdeckt haben. Außerdem gibt es in keiner anderen Stadt an der Küste so viele Palmen.

SEHENSWERTES

Burgruine und Villa Noailles
Die Überreste der Burg sind inmitten einer weiten Grünanlage hoch über der Altstadt gelegen. Neben dem Parc St-Bernard wird die *Villa Noailles* renoviert, die 1923 zum Symbol für moderne Architektur an der Küste wurde und häufig Künstler wie Picasso, Dalí, Buñuel oder Man Ray beherbergte. Im Sommer Ausstellungen, Führungen und Besichtigungen *(Auskunft über Office du Tourisme), Zugang über den in Terrassen am Burghang aufsteigenden Parc St-Bernard*

Olbius-Riquier-Park (Jardin Olbius-Riquier)
Die opulenteste der vielen Grünanlagen der Stadt mit zahlreichen Vögeln und exotischen Pflanzen, vor allem Palmen und Kakteen. *Tgl. 8–17.30 Uhr, im Sommer bis 20 Uhr*

ESSEN & TRINKEN

Le Bistrot de Marius
Auf einem hübschen Platz in der Altstadt. Üppige Portionen. *1, pl. Massillon, Tel. 04 94 35 88 38, im Winter Di geschl., €*

Colombe
2,5 km westlich von Hyères. Geboten wird regionale Küche mit schöner Terrasse. *Rte. de Toulon, Tel. 04 94 65 02 15, geschl. im Som-*

mer Mo Mittag, Sept.–Juni So Abend und Sa Mittag, €–€€

ÜBERNACHTEN

Les Pins d'Argent
Herrenhaus aus dem 19. Jh. mit Schwimmbad im Garten. *20 Zi., bd. de la Marine, Tel. 04 94 57 63 60, Fax 04 94 38 33 65, geschl. Okt.–März, €€*

La Rose des Mers
Direkt am Strand mit kleinen und 20 einfachen Zimmern. *3, allée E.-Gérard, Tel. 04 94 58 02 73, geschl. Mitte Okt.–März, €–€€*

Du Soleil
Angenehmes, ruhiges Familienhotel. *22 Zi., rue Rempart, Tel. 04 94 65-16 26, www.hotel-du-soleil.fr, €*

AM ABEND

Hyères hat ein Casino und 8 Diskos wie *Le Rêve (Port de La Capte, April-Sept. tgl. ab 24 Uhr* oder *Le Night Café (6, ave. Prem. Division Brosset, tgl. außer Mo 20-6 Uhr.*

AUSKUNFT

Office du Tourisme
3, av. Ambroise Thomas, Tel. 04 94 01 84 50, www.ot-hyere.fr

ZIELE IN DER UMGEBUNG

Halbinsel Giens   [124 B5–6]
Zwei mit Fahrstraßen ausgestattete Sandstreifen verbinden die einstige Insel mit dem Festland. Zwischen ihnen erstreckt sich die Lagune *(Etang des Pesquiers).* Im nördlichen Teil befindet sich die Saline. Die westliche Straße, die *Route du*

Sel, ist bei Hochwasser nicht befahrbar. Einer der schönsten Abschnitte des Küstenwanderweges im Département Var ist der  **sentier littoral** vom kleinen Hafen *La Madrague* im Westen der Halbinsel bis zur *Plage de l'Aroussière*. Die 6,5 km sind von geübten Wanderern in gut 2 Std. zu bewältigen. Die teilweise begrünte Halbinsel ist ein beliebter Badeort.

Parkterrasse, Schwimmbad, Tennisplatz, Privatstrand und Restaurant bietet im Sommer das Hotel *Le Provençal (41 Zi., pl. St-Pierre, Tel. 04 94 58 20 09, www.provencal hotel.com, €€–€€€)*. Bei hübscher Aussicht speist man im *Le Tire Bouchon (Tel. 04 94 58 24 61, €–€€)*.

Hyerische Inseln [124–125 B–F 5–6]

⭐ Die drei Inseln – Porquerolles, Port-Cros und Levant – sind die höchsten Punkte der abgesunkenen Gebirgskette des Maurenmassivs. Sie wurden bereits in vorgriechischer Zeit besiedelt.

Porquerolles, die westlichste und größte der Inseln, ist 7 km lang und 3 km breit. Als ehemaliger Militärstützpunkt ist sie in Staatsbesitz. Die ganze Insel steht unter Naturschutz. Im Norden sind Sandstrände; an der Südküste fallen die Felsen steil zum Wasser ab. Vom Leuchtturm an der Südspitze der Insel herrliche Fernsicht, desgleichen vom Leuchtturm auf der höchsten Erhebung (142 m). Ruhig im Grünen wohnt man am Westende der Insel im *Mas du Langoustier (50 Zi., Mai–Nov. nur Halb- oder Vollpension, Tel. 04 94 58 30 09, €€–€€€, www.langous tier.com)*. Privatstrand. Das Restaurant des Hotels gehört zur Spitzenklasse. Ein gemütliches Restaurant im provenzalischen Stil bietet die *Auberge des Glycines (9 Zi., nur Halbpension, Mitte Feb.–Mitte Nov., Tel. 04 94 58 30 36, €€)*.

Das kaum besiedelte, begrünte Inselchen *Port-Cros (7 km² groß)* steht mit seinen 18 km² Uferstreifen unter Naturschutz. Vom Hafen führen wunderschöne Wanderwe-

Hyerische Inseln: Das Eiland Port Gros steht unter Naturschutz

ge ins Tal der Einsamkeit *(vallon de la solitude)*, zu den steilen Klippen an der Südküste oder auf den 194 m hohen *Mont Vinaigre*. An der *Plage de la Palud*, ist ein bequemer Unterwasserweg für Schnorchler *(sentier sous-marins)* angelegt *(Führungen Juni–Sept. 10.30–16 Uhr, 4,50 Euro, Bureau d'Informations du Parc, Tel. 04 94 01 40 72)*.

Die *Île de Levant* ist bekannt als die Wiege der Freikörperkultur. Der Hauptteil dieser kleinsten der drei Inseln ist allerdings noch immer militärisches Sperrgebiet. *Schiffsverbindungen nach Porquerolles von La Tour Fondue, Le Lavandou, Cavalaire-sur-Mer, Toulon; nach Port-Cros: von Hyères-Plage, Le Lavandou und Cavalaire-sur-Mer; von Port-Cros auch Bootsverbindung nach Héliopolis auf der Insel Levant*

Markt in Collobrières

DAS MASSIF DES MAURES

[124–125 C–F 1–3] Das dicht bewaldete Urgesteinsmassiv zwischen Fréjus und Hyères umfasst vier parallel verlaufende Gebirgszüge. Der südlichste Grat von ihnen ist abgesunken; seine höchsten Partien bilden heute die Iles d'or, die Hyerischen Inseln. Der Name des Gebirges hat übrigens nichts mit den Mauren zu tun; er dürfte vielmehr vom provenzalischen *maouro* stammen, was »düsterer Wald« bedeutet und den Nagel auf den Kopf trifft.

SEHENSWERTES

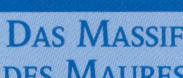

Bormes-les-Mimosas **[125 D3]**
Das malerische Bergdorf (5000 Ew.) liegt in traumhafter Hanglage, umgeben von Eukalyptus, Zypressen, Oleander und den Mimosenwäldern, die dem Ort den Beinamen gegeben haben und ihm jedes Jahr Mitte Februar den berühmten Blumenkorso aus leuchtend gelben und duftenden Blüten bescheren.

Cogolin [126 A5]
Die von Weinbergen umgebene Kleinstadt (8000 Ew.) ist bekannt für ihre traditionelle Textil- und Teppichproduktion sowie für die aus Buryère-Holz hergestellten Pfeifen.

Collobrières [125 D2]
Weinberge und Wälder von Korkeichen und Edelkastanien umgeben den hübschen Ort, der vor langer Zeit in eine Talsohle hineingebaut wurde.

Corniche
des Maures [125 D–F 2–3]

★ ◁ℳ▷ Entlang dem Küstensaum der Pradels-Kette (528 m) im Mauren-Massif führt eine Panoramastraße durch eine prachtvolle Gebirgslandschaft, die von Pinien, Kiefern, Korkeichen und Kastanien geprägt ist. Im Verlauf der Strecke bietet sich eine Fülle großartiger Ausblicke auf die Küste und das Meer.

La Garde-Freinet [117 F6]

Der alte Schlupfwinkel der Sarazenen in waldreicher Umgebung – hier wachsen viele Esskastanien und Korkeichen.

Grimaud [126 A4]

◁ℳ▷ Mit seinen malerischen Arkadenhäusern und seiner majestätischen Schlossruine eines der schönen Dörfer (3300 Ew.) im Massif des Maures.

Notre-Dame-des-Anges [125 D1]

◁ℳ▷ In herrlicher Waldgegend liegt die uralte Einsiedelei. Traumhafter Fernblick aus 760 m Höhe bis zu den Alpen. Marienwallfahrtsort mit Gästehaus.

ESSEN & TRINKEN

La Faücado

Klassische Küche. Im Sommer wird auch auf der blühenden Terrasse serviert. *Grimaud, La Garde-Freinet, rtr. Nationale, Tel. 04 94 43 60 41, in der Nebensaison Di Ruhetag, geschl. Mitte Jan.–Mitte März, €€*

La Pastourelle

Originelle Fischspezialitäten. *Bormes-les-Mimosas, 41, rue Carnot, Tel. 04 94 71 57 78, Di Abend, Mitte–Ende Jan. geschl., €*

Les Santons

Gourmettempel in einem typisch provenzalischen Ambiente. Reservieren. *Grimaud, Tel. 04 94 43 21 02, Juni–Sept. Di Mittag und Do Mittag, Nov.–März geschl., €€€*

La Terrasse
Insider Tipp

Die regionale Küche ist einfach, gut und preiswert. *Bormes-les-Mimosas, pl. Gambetta, Tel. 04 94 71 15 22, geschl. Mitte Nov.– Mitte Jan., €*

EINKAUFEN

In Collobrières gibt es die Spezialität der Gegend, die *marrons glacés*, das Kastanienkonfekt. Kunsthandwerk in Grimaud, Teppiche und Pfeifen in Cogolin.

ÜBERNACHTEN

Coteau Fleuri

Ruhige Gartenlage, Terrasse, Restaurant. *14 Zi., Grimaud, Tel. 04 94 43 20 17, geschl. Mitte Nov.–Mitte Dez., 5.–20. Jan., €€, coteaufleuri@wanadoo.fr*

Le Grand Hôtel

◁ℳ▷ Eines der preiswertesten Drei-Sterne-Hotels an der Küste, 1903 hoch über dem Dorf gebaut. *60 Zi., Bormes-les-Mimosas, 167, rte. du Bagnier, Tel. 04 94 71 23 72, Fax 04 94 71 52 20, €*

FREIZEIT & SPORT

Zwei Fernwanderwege *(GR, Sentiers de Grande Randonnée)* führen durch das Gebiet: Der GR 9 führt von Port-Grimaud über La Garde-Freinet durch die nördlichen Berge zu Notre-Dame-des-Anges, der GR 90 von Collobrières zu der von Ordensschwestern bewohnten Insider Tipp Kartause La Verne aus dem 12. Jh., die besichtigt werden kann *(tgl. außer Di 11–17 Uhr, geschl. Jan., Ostern, Himmelfahrt, Pfingsten, 15. Aug. und 25. Dez., Eintritt 4,60 Euro).*

AUSKUNFT

Offices de Tourisme

Pl. Gambetta, Bormes-les-Mimosas, Tel. 04 94 71 15 17, www.bormeslesmimosas.com

Bd. des Aliziers, Grimaud, Tel. 04 94 43 26 98, www.nova.fr/grimaud

ST-TROPEZ

[126 B4] ★ Seit den wilden 1960er-Jahren, als im Schlepptau der Pariser Literaten die internationale Schickeria von Brigitte Bardot und Gunter Sachs bis Françoise Sagan und Curd Jürgens St-Tropez für sich in Beschlag nahm, ist das einst geruhsame, hübsche provenzalische Fischerdorf der Inbegriff für Jetseturlaub an der Côte d'Azur. Der Ort (5800 Ew.) hat zwar von seinem Glanz verloren, zieht aber weiterhin ein junges, lebhaftes und exzentrisches Publikum an. Eines hat sich nicht verändert: St-Tropez ist seit damals ein teures Pflaster geblieben.

Den Aufstieg des Städtchens mit seinem immer noch malerischen Hafen und einer wunderschönen Altstadt leitete der postimpressionistische Maler Paul Signac ein, der sich 1892 hier niederließ.

SEHENSWERTES

Sehenswert ist das geschäftig-südländische Treiben auf dem *Fischmarkt*. Die Pétanquespieler bevölkern weiter die *Place des Lices*, nie langweilig wird ein Spaziergang am Hafen oder durch die Gassen der Altstadt. Von der Turmterrasse

Freiluftgalerie am Quai Suffrin im Hafen von St-Tropez

der Zitadelle großartiger Rundblick auf Meer und Berge.

Musée de l'Annonciade

⭐ In der früheren Kapelle direkt am Hafen sind Werke der Maler Signac, Bonnard, Derain, Dufy, Vuillard, Maillol zu sehen. *Mi–Mo 10–12, 14–18, Sommer bis 19 Uhr, Nov. geschl., Eintritt 4,50 Euro*

Leï Mouscardins

Laurent Tarridec kocht sich in die französische Spitzenklasse. *Tour du Portalet, Tel. 04 94 97 29 00, Sept.–Mai Mi Ruhetag, geschl. Nov.–Feb., €€€*

Le Roustidou

Einfaches Fischrestaurant direkt am Hafen. *Pl. Grammont, Tel. 04 94 97 01 37, kein Ruhetag, €*

La Table du Marché

Hier kocht Christophe Leroy beste Bistroküche. *38, rue Clemenceau, Tel. 04 94 97 85 20, kein Ruhetag, €€*

In den Boutiquen sind alle Luxusmarken dieser Erde vertreten. Seit 1927 gibt es die *sandales tropeziennes*, die typischen Sandalen der Stadt *(rue Clémenceau).*

La Bastide de St-Tropez

Verwunschenes, luxuriöses Gartenhotel mit kleinen, gemütlichen Bungalows. Das Hotelrestaurant

L'Olivier gehört zu den Topadressen am Ort. *16 Zi., rte. des Carles, Tel. 04 94 55 82 55, Fax 04 94 97 21 71, geschl. 3. Jan.–13. Feb., €€€*

Lou Cagnard

Einfach möbliertes und preiswertes Hotel in einem alten Haus. *19 Zi., av. Roussel, Tel. 04 94 97 04 24, geschl. 6. Nov.–27. Dez., €–€€*

La Maison Blanche

Liegt sehr zentral an lebhaftem Platz, dafür alte Möbel und gediegene Atmosphäre. *8 Zi., pl. des Lices, , Tel. 04 94 97 89 23, €€€*

Die Stadt besitzt viele Diskos und Nachtclubs. Ein Treffpunkt für Schickeria, Stars und Models ist *Les Caves du Roy (av. Maréchal-Foch, Juni–Mitte Sept. tgl. 23–5 Uhr, April, Mai, Mitte Sept.– Mitte Okt. Fr, Sa 23–5 Uhr).* Erschwinglicher die Salsaabende in der *Bodega du Papagayo (Résidences du Port, www.papagayobodega.com)*

Syndicat d'Initiative

Quai Jean-Jaurès, Tel. 04 94 97 45 21, und Busbahnhof, Tel. 04 94 97 70 68, www.nova.fr/saint-tropez

Cavalaire-sur-Mer [126 A6]

Der familienfreundliche Badeort mit noch preisgünstigen Hotels verfügt über einen 4 km langen Sandstrand, einen Yachthafen mit mehr als 1000 Ankerplätzen und ein

Spielcasino. Auskunft: *Office du Tourisme, square Maréchal-de-Lattre-de-Tassigny, Tel. 04 94 01 92 10, Fax 04 94 05 49 89*

Le Lavandou [125 E4]

Als in den 1920er-Jahren der deutsche Schriftsteller Walter Hasenclever nach Le Lavandou kam, war er der einzige Fremde. Heute hat der Ort (5200 Ew.) im Sommer 100 000 Urlaubsgäste; im Winter ist er eine Geisterstadt. *Auskunft: Office du Tourisme, quai G.-Péri, Tel. 04 94 71 00 61, Fax 04 94 64 73 79*

Port-Grimaud [126 B4]

★ Im innersten Winkel des Golfs von St-Tropez, an einem landschaftlich gar nicht besonders attraktiven Standort, liegt Port-Grimaud. Hier wurde nach der Idee des Architekten François Spoerry ein revolutionäres Fremdenverkehrskonzept verwirklicht und als Paradebeispiel für umweltverträglichen Tourismus gilt – eine Stadt aus der Retorte, deren Einrichtungen auf dem letzten Stand der Technik sind, deren äußeres Bild aber die Illusion eines traditionellen provenzalischen Fischerortes weckt. Alles ist hier nur auf alt getrimmt.

Die Anlage besteht aus Eigenheimen oder Eigentumswohnungen und ist speziell für Segelfreunde konstruiert: Der Ankerplatz in der von vielen Kanälen durchzogenen Lagunenstadt liegt direkt vor der Haustür. Besucher müssen ihr Auto auf einem Parkplatz nördlich der Siedlung abstellen.

Ste-Maxime [126 B3–4]

Die alte Fischersiedlung hat sich zu einem schönen Badeort (10 000 Ew.) entwickelt und ist zumindest im Sommer eine Alternative zum permanent überlaufenen und teureren St-Tropez auf der anderen Seite der Bucht. Eine Kuriosität ist das *Museum für mechanische Musikinstrumente* mit 350 Exponaten von der Drehorgel bis zu Plattenspieler und Diktafon *(Park von St-Donat, 10 km nach Norden in Richtung Autobahn, Ostern–Anfang Okt., Mi–So 10–12,14–18 Uhr, Eintritt 2,30 Euro)*.

Auskunft: *Office du Tourisme, av. Charles de Gaulle, Tel. 04 94 96 19 24, Fax 04 94 49 17 97*

Ramatuelle [126 B5]

★ 112 km nach Süden liegt im Innern der Halbinsel von St-Tropez in malerischer Hügellage das Dorf Ramatuelle (2000 Ew.), umschlossen von der alten Wehrmauer, mit verwinkelten Gassen und alten Häusern. Zu Ramatuelle gehören die legendären Strände wie *La plage de Pampelonne* mit dem Urvater aller Strandclubs, dem in den 1950er-Jahren gegründeten *Club 55 (Tel. 04 94 79 80 14, geschl. Mitte Nov.– Ende März, Restaurant €€*

Le Rayol [125 F3]

1910 ließ der Pariser Bankier Courmes für seine junge Frau einen exotischen Garten direkt am Meer in unmittelbarer Nähe des Ortes Le Rayol anlegen, gab das Projekt aber nach der Weltwirtschaftskrise 1929 wieder auf. 1989 wurde das Anwesen vom *Conservatoire du Littoral* gekauft und für die Öffentlichkeit zugänglich gemacht. *Domaine du Rayol, tgl. 9.30–12.30 und 14.30 bis 18.30 Uhr (Juli/Aug. bis 20 Uhr), Führungen 6-mal tgl. im Sommer, sonst tgl. 15 Uhr, Nov.–Jan. geschl., Eintritt für Führung 6 Euro*

Der Reiz der Bergdörfer

Im Hinterland der Côte d'Azur geht es bedeutend ruhiger zu als an der Küste

Nur ein paar Kilometer vom Meer entfernt zeigt die Côte d'Azur ein ganz anderes Gesicht. Nach dem Trubel an der Küste empfängt den Besucher im Hinterland Ruhe und Gelassenheit. Die Landschaft in den Hügeln und Bergen erschließt sich nicht auf den ersten Blick. Sie will in ihrem eigentümlichen, herben Reiz erst erobert werden.

Viele der Bergdörfer, die wie Schwalbennester an den Hängen kleben, haben trotz andauernder Landflucht eine bäuerliche Grundstruktur behalten, aber in der vorsichtigen Öffnung für den Fremdenverkehr auch neue Zukunftsperspektiven gefunden. Ein buntes Völkchen von Aussteigern, Kunsthandwerkern und Naturliebhabern, die sich als Touristenführer verdingen, machen die klitzekleinen Gemeinden mit oft nur zweistelligen Einwohnerzahlen zumindest im Sommer wieder lebendig. Die Franzosen haben für sie den treffenden Ausdruck *villages perchés*, also »Dörfer wie auf der Vogelstange«. Weil über Jahrzehnte hinweg kaum

Fällt bis zu 700 m in die Tiefe: der 21 km lange Grand Canyon du Verdon

neu gebaut wurde, haben sich die Orte ihren ursprünglichen Charakter bewahrt. Und jetzt werden die einfachen Steinhäuser wie im 1030 m hoch gelegenen Coursegoules sorgfältig restauriert.

Grandiose Naturschauspiele wie die Wasserläufe von Esteron, Loup oder Verdon verführen zu Sportarten wie Canyoning, Kajakfahren, Extremklettern oder ausgedehnten Wanderungen zu Fuß.

CASTELLANE

[111 E3] An der Route Napoléon gelegen, bietet sich Castellane (1300 Ew.) als Ausgangspunkt zur Besichtigung des Grand Canyon du Verdon hervorragend an. Vor dem Städtchen, dem die Römer wegen der salzhaltigen Quellen den Namen *Salinae* gaben, ragt eine 200 m hohe Kalkklippe auf; die Brücke über den Verdon zu ihren Füßen stammt aus dem 17. Jh.

SEHENSWERTES

Notre-Dame-du-Roc
Vorbei an den Resten der alten Stadtbefestigung mit der zinnengekrönten *Tour Pentagonale* führt

ein Promenadenweg (ca. 1 Std. Gehzeit) mit Kreuzwegstationen hinauf auf den Felsen zu der 1703 erbauten Kapelle Notre Dame, einem vielbesuchten Wallfahrtsort. Vom Gipfel des Plateaus grüßt eine große Marienstatue. ◀▶ Herrliche Fernsicht hinüber zum Eingang der Schlucht des Verdon.

Tour de l'Horloge
Eines der beiden Stadttore, gekrönt von einem schmiedeeisernen Glockenstuhl.

ESSEN & TRINKEN

Auberge du Teillon
Gutbürgerliches Essen ohne Firlefanz. *An der N-85 6 km nach Süden in La Garde, Tel. 04 92 83 60 88, €*

EINKAUFEN

Lavendelblten in Leinensäckchen als Duftspender für den Wäscheschrank.

ÜBERNACHTEN

Ma Petite Auberge
Solides Hotel mit schattigem Park. *15 Zi., pl. de l'Église, Tel. 04 92 83 62 06, Fax 04 92 83 68 49, €, Restaurant Mi geschl. (außer Juli, Aug.)*

Du Roc
Einfaches, sauberes Haus am Marktplatz. *10 Zi., bd. de la République, Tel. 04 92 83 62 65, Fax 04 92 83 73 76, €*

AUSKUNFT

Office de Tourisme
Route Nationale, gegenüber der Tour de l'Horloge, Tel. 04 92 83 61 14, Fax 04 92 83 76 89, www.castel lane.org

ZIELE IN DER UMGEBUNG

Grand Canyon du Verdon   [110–111 B–E 3–5]
★ Der Grand Canyon du Verdon gehört zu den bedeutendsten Naturdenkmälern Europas. Der aus einer Höhe von 2500 m kommende Gebirgsfluss hat sich hier quer durch die Kalkfelsen der Voralpen gegraben und den Weg ins Tal der Durance erzwungen. Die grauen Felswände zu beiden Seiten der engen Schlucht fallen bis zu 700 m senkrecht in die Tiefe ab. Am Grund sieht man das jadegrüne Wasserband. Trotz seiner Zähmung durch zahlreiche Talsperren ist die Schlucht für Kajakfahrten und Fußwanderungen nicht ungefährlich, weil der Wasserspiegel nach starken Regenfällen oder spontanen Schleusenöffnungen sehr rasch steigt. Man sollte sich vorher im *Office de Tourisme* von *Moustiers* oder *Castellane* erkundigen.

◀▶ Zwei Bergstraßen, die eine am Südufer *(Corniche Sublime)*, die andere am Nordufer *(Corniche des Crêtes)* der Schlucht, bieten viele Aussichtspunkte. Auf 800 m Höhe, hoch über der *Falaise des Cavaliers* am Ausgangspunkt eines Wanderwegs in die Schlucht, ist von Ostern bis zum 15. Okt. das *Hôtel du Grand Canyon* mit seinem ◀▶ Panoramarestaurant geöffnet *(D 7 zwischen Aiguines und Comps, 15 Zi., Tel. 04 94 76 91 31, Fax 04 94 76 92 29, €)*. Zu beiden Seiten der Schlucht verlaufen Fernwanderwege: im Norden der GR 4 nach Moustiers, im Süden der GR 99.

Moustiers-Ste-Marie [110 B3]

★ Die Lage ist atemberaubend: Wie Kulissen ragen Kalksteinklippen fast senkrecht in den Himmel. In einem Felseinschnitt thront hoch über dem Ort das uralte Wallfahrtskirchlein Notre-Dame-de-Beauvoir, von dem aus eine 227 m lange vergoldete Kette am Fels entlangläuft, die Votivgabe eines Kreuzfahrers. Am Fuß der Steilwand kauert der winzige Ort von 500 Einwohnern. Im 17. und 18. Jh. war Moustiers ein Zentrum der französischen Fayence-Manufaktur. Der letzte Brennofen erlosch 1874. 1925 wurde die alte Kunstfertigkeit wiederbelebt und ist auf dem Weg zu ihrer einstigen Bedeutung, freilich in eingeschränktem Rahmen. Im *Fayencenmuseum* sind Musterstücke aus der Blütezeit (1679–1794) ausgestellt *(April–Okt. Mi–Mo 9–12, 15 bis 18 Uhr, Eintritt 1,50 Euro).*

Im Restaurant *Les Santons, pl. Eglise, Tel. 04 92 74 66 48* (reservieren!) kann man zu erschwinglichen Preisen essen wie Gott in Frankreich. *Geschl. Dez., Jan.; Di, Mo abends (außer Juli–Sept.), €€.* Alain Ducasse, der als erster Koch mit seinen beiden Restaurants in Paris und Monaco 1998 jeweils drei Michelin-Sterne holte, hat in Moustiers eine Filiale eröffnet: *La Bastide de Moustiers, La Grisolière, quartier St-Michel, Tel. 04 92 70 47 47, Fax*

Insider Tipp

MARCO POLO Highlights
»Das Landesinnere«

★ **Grand Canyon du Verdon**
Die gewaltigste Felsenschlucht Europas (Seite 72)

★ **Moustiers-Ste-Marie**
Traditionelles Fayencedorf in atemberaubender Lage (Seite 73)

★ **Vorgeschichtliches Museum Quinson**
Auf den Spuren der Menschheit wandeln (Seite 74)

★ **Abtei le Thoronet**
Ein großes Werk provenzalischer Hochromanik (Seite 75)

★ **Gorges du Loup**
Wasserfälle und Kalkfelsen als Naturdenkmäler (Seite 77)

★ **Entrevaux**
Grenzposten und Festungsanlage mit Zugbrücke (Seite 77)

★ **Train des Pignes**
Mit Dampf über 33 Brücken (Seite 78)

★ **Vallée des Merveilles**
Felsbilder aus der Bronzezeit im Nationalpark Mercantour (Seite 80)

★ **Gorges de la Vésubie**
Wildromantische Schlucht im Hinterland von Nizza (Seite 80)

★ **Peillon**
Romantisches Felsennest in den Bergen hinter Monaco (Seite 81)

04 92 70 47 48, www.bastide-moustiers.com, www.alain-ducasse.com, €€–€€€. Ein Hotel mit 12 Zimmern ist angeschlossen (€€€). Moustiers ist der ideale Ausgangspunkt für Ausflüge an den *Lac de Ste-Croix,* den erst 1975 angelegten Stausee mit 2200 ha Fläche und einer Vielzahl von Wassersportangeboten.

Auskunft: Office du Tourisme, rue de la Bourgade, Tel. 04 92 74 67 84, www.ville-moustier-sainte-marie.fr.

Quinson [110 A5]

Knapp 30 km südwestlich von Moustiers, am anderen Ende des Stausees von Ste-Croix, hat der britische Architekt Norman Foster, der die Glaskuppel auf den Berliner Reichstag setzte, ein ★ hypermodernes Museum der Vorgeschichte gebaut. In 19 Sälen werden die prähistorischen Epochen anschaulich dargestellt. *Musée de Préhistoire des Gorges du Verdon, Mitte Juni–Mitte Sept. tgl. 10–19 Uhr, Mitte Sept.–Mitte Juni tgl. außer Di 10–19 Uhr, geschl. Mitte Dez.–Jan., Eintritt 5,80 Euro, Familienkarte (2 Erw., 2 Kinder) 14,50 Euro, www.museeprehistoire.com*

COTIGNAC

[116 B3] Unter einem 80 m hohen Tuffsteinfelsen duckt sich die Altstadt des provenzalischen Dorfes Cotignac (2000 Ew.), das nach der großen Landflucht zu Beginn des 20. Jhs. eine neue Blüte erlebt. Künstler und Musiker haben die Dörfer des Haut-Var, auf halbem Weg zwischen der A 8 und dem Stausee von Ste-Croix, wiederentdeckt. Cotignac, einst für seine Gerbereien, Ölmühlen und Seidenspinnereien bekannt, ist mit seinem **Markt** *(jeden Di auf dem Cours Gambetta)* zum Treffpunkt geworden. `Inside Tipp`

SEHENSWERTES

Einen Spaziergang lohnt die Altstadt mit ihren engen Gassen, die zum *Théâtre de la Verdure,* einem im Sommer für Konzerte und Theateraufführungen genutzten Freilichttheater, führen. Von der Kirche führt der Weg zum ↘ Tuffsteinfelsen, in dem eine zweistöckige Grotte einen schönen Ausblick auf das Dorf und die Weinberge im Tal ermöglicht.

ESSEN & TRINKEN

Le Temps de Pose
Auf dem Rathausplatz mit seinem Glockenturm ist das viele Jahre geschlossene Café von einem Fotografen wiederbelebt worden. Mittags frische Salate, verschiedene Teesorten. *Pl. de la Mairie, €*

EINKAUFEN

Cotignac ist bekannt für Wein, Öl und Honig. **Bienenhonig** in verschiedenen Geschmacksrichtungen gibt es bei *Ruchers du Bessillon, 2, rte. des Nais* unweit vom zentralen Cours Gambetta. `Inside Tipp`

ÜBERNACHTEN

Domaine de Nestuby
Mitten in einem Weinberg etwas außerhalb des Dorfes sind Chambres d'hôtes, also Gästezimmer eingerichtet. *4 Zi., rte. de Brigno-*

Ein idyllischer Garten im Haute-Var-Dorf Cotignac

les, Tel. 04 94 04 60 02, geschl.
Nov.–Feb., €

Office de Tourisme, rue Bonnaventure, Tel. 04 94 04 61 87

Abtei Le Thoronet [116 D4]

⭐ Rund 20 km im Südwesten von Cotignac und 10 km im Norden des Autobahnkreuzes Le Cannet liegt in einsamer Abgeschiedenheit eines der bedeutendsten Baudenkmäler der Region. Die Zisterzienserabtei Le Thoronet, ein Musterbeispiel der provenzalischen Hochromanik, wurde gegen Ende des 12. Jhs. errichtet. Erhalten bzw. wiedererstanden sind die Kirche, der Kreuzgang und ein guter Teil der Klostergebäude. Es herrscht der Eindruck äußerster Schlichtheit und Einfachheit, ganz ohne Zierat. Nur in den Skulpturen der Kapitelle im frühgotischen Kapitelsaal wird das Prinzip unbedingter Schmucklosigkeit ein wenig durchbrochen. Die Abtei wurde bereits im 17. Jh. aufgegeben. *Besichtigung April–Sept. tgl. 10.30–18.30, Okt.–März 10–13 und 14–17 Uhr, Feiertage geschl., Eintritt 5,30 Euro*

Aups [116 C1]

Der wichtigste Marktflecken der Gegend *(Lebensmittelmarkt Sa und Mi)*. Im Winter der wichtigste Trüffelmarkt des Départements Var *(Nov.–Febr. Do Morgen, pl. F.-Mistral). Auskunft: Office du Tourisme, pl. F.-Mistral, Tel. 04 94 70 00 80*

Barjols [0]

30 Brunnen, von drei Bächen gespeist, tragen zum Charme des Ortes (2200 Ew.) bei, der im 19. Jh. ein Zentrum der Ledergerberei war. Zu Ehren des heiligen Marcellus wird seit dem 14. Jh. Mitte Januar eines der größten provenzalischen Feste gefeiert. Lohnend ist ein Spaziergang durch die Dorfmitte mit einer Platane auf dem Rathausplatz,

die mit 12 m Durchmesser zu den größten Bäumen der Region zählt.

Auskunft: Syndicat d'Initiative, bd. Grisolle, Tel. 04 94 77 20 01, www.provence-verte.com/barjol.

Entrecasteaux [116 C3]
Der kleine Ort (700 Ew.) über dem Tal der Bresque ist stolz auf den sein Schloss (17. Jh.) und den Schlossgarten, der vom Architekten André Le Nôtre angelegt wurde *(tgl. außer Mi, 11–12.30, 14.30–17 Uhr; Feb. geschl., Eintritt 4,50 Euro).*

Salernes [116 C2]
Seit Jahrhunderten ist Salernes (3000 Ew.) ein Zentrum für Keramik. Über ein Dutzend Fabriken haben überlebt. Die sechseckigen Tomettes, die roten Fliesen, sind im ganzen Land gefragt. Unternehmer wie *Alain Vagh (rte. d'Entrecasteaux, Tel. 04 94 70 61 85)* lassen ihrer Phantasie freien Lauf und dekorieren Rennboote, Autos oder Klaviere mit Fliesen aus Salernes.

Auskunft: Office de Tourisme, pl. Gabriel Péri, Tel. 04 94 70 69 02, www.ville-salernes.fr

Sillans-la-Cascade [116 B2]
Sorgfältig restauriertes Dorf mit einem Schloss aus dem 18. Jh. Eine halbe Stunde geht man zum Wasserfall, wo das Flüsschen Bresque über 40 m in die Tiefe stürzt.

Villecroze [116 C2]
Die mittelalterliche Altstadt des Dorfes (1000 Ew.) wartet mit wunderschönen Gassen unter Arkaden auf. Der städtische Park mit einem Wasserfall und einem schönen Rosengarten liegt unter einem Tuffsteinfelsen. *Führungen durch die Grotten Juli–Mitte Sept. 10–12,* *14.30–19 Uhr; Mai, Juni und Ostern 14–18 Uhr; Eintritt 1,50 Euro*

COURSEGOULES

[113 F5] Rund 15 km im Norden von Vence, am Fuß des Cheiron-Gebirges, liegt auf rund 1000 m über dem Meeresspiegel Coursegoules (300 Ew.). Im 19. Jh. als Luftkurort geschätzt, erwacht der Ort langsam aus dem Dornröschenschlaf. Das Gebiet mit den Flüssen Estéron und Loup ist heute ein Zentrum für Canyoningfans.

SEHENSWERTES

Das Dorf mit seinen engen Gassen und Treppen, dessen Rathaus von einem Architekten regiert wird, ist sorgfältig restauriert und modernisiert worden. Die romanische Kirche Ste-Marie-Madeleine aus dem 12. Jh. beherbergt ein Altarbild von Louis Bréa, einem Barockkünstler der Schule von Nizza.

ÜBERNACHTEN

Auberge de l'Escaou
Ruhe und Komfort in 1000 m Höhe. Mit Restaurant. *10 Zi., Tel. 04 93 59 11 28, www.hotel-escaou.com, €€*

AUSKUNFT

Mairie, Tel. 0493591160, www.coursegoules.net

ZIELE IN DER UMGEBUNG

Aiglun [113 D5]
Ein typisches Bergdorf mit nur 100 Einwohnern hoch über dem Esté-

ron-Fluss, der hier eine der beeindruckendsten Klusen der Provence formt. Die Hauptstraße führt durch einen Torbogen des Gasthauses *Auberge de Calendal (5 Zi., 1 Schlafsaal, geschl. Febr., mit Restaurant, Tel. 04 93 05 82 32, €)*.

Cipières [113 E6]

Hoch über dem Tal des Loup thront das imposante, zwischen dem 13. und 18. Jh. immer wieder umgebaute Schloss. Spezialitäten des Dorfes sind Honig *(bei Raymond Martel, St-Roch)* und Ziegenkäse *(Benoit Bazy, Ferme la Crous)*.

Gorges du Loup [119 F1–2]

★ Die Schlucht des Loup gehört zu den eindrucksvollsten Naturdenkmälern des Kontinents. Der Loup entspringt in 1300 m Höhe in den Bergen von Audibergue. In seinem relativ kurzen Lauf ins Meer hat er sich fast auf seiner ganzen Länge tief in das weiche Kalksteingebirge eingefressen. An manchen Stellen hat der Fluss riesige Strudellöcher in die fast senkrecht abfallenden Wände gegraben. Spektakuläre Wasserfälle wie die *Cascade de Courmes* oder der *Saut de Loup* runden das Bild lautstark ab.

Gréolières [113 D6]

Der Hauptort (400 Ew.) unter den Dörfern des Gebietes und Ausgangspunkt für Wanderungen oder Canyoning im Tal des Loup. Auf 1400 m Höhe liegt der südlichste Wintersportort der Region, *Gréolières-les-Neiges* [113 E5], auch im Sommer idealer Ausgangspunkt für Wanderungen durch unberührte Natur. Übernachtung im Hôtel L'Alpina *(8 Zi., geschl. Frühling und Herbst, Tel. 04 93 59 70 19, €)*

Auskunft: 21, Grande Rue, Tel. 04 93 59 97 94, www.pays-accueil-provence06.net.

Roquestéron-Grasse [113 E5]

Wie um einen Felsen gewickeltes Dorf (65 Ew.) mit der Festungskirche Ste-Pétronille aus dem 12. Jh., von der sich ein herrlicher Blick auf das Estéron-Tal bietet.

ENTREVAUX

[112 C3-4] ★ Das Städtchen (800 Ew.) gehört zu den Festungsanlagen, die mit ihrer Brücke aus dem 17. Jh. noch fast im Originalzustand erhalten sind. Die Zitadelle oberhalb der mittelalterlichen Siedlung am Fluss Var ist von Baumeister Vauban auf Geheiß des Sonnenkönigs Ludwig XIV. zur fast uneinnehmbaren Burg ausgebaut worden. Der Grund für die Vergangenheit als Militärposten: Entrevaux lag bis 1860 an der Grenze zwischen Frankreich und der Grafschaft Nizza.

SEHENSWERTES

Die *Zitadelle* ist über einen halbstündigen Fußmarsch vom Dorf aus zu erreichen. Einen Besuch lohnt auch die *Kathedrale* aus dem 17. Jh. mit ihrem großen barocken Portal. Das *Motorradmuseum* beherbergt Maschinen von 1901 bis 1967 *(April–Nov. tgl. 10–12, 14–18 Uhr, Tel. 04 93 79 12 70, Eintritt frei)*.

ÜBERNACHTEN

Vauban

Klassisches Hotel. *8 Zi., 4, pl. Louis-Moreau, Tel. 04 93 05 42 40, geschl. Jan., €*

EINKAUFEN

Eine Spezialität von Entrevaux ist die *secca*, getrocknetes Rindfleisch, das dem Bündner Fleisch der Schweiz ähnelt.

AUSKUNFT

Bureau du Tourisme, Porte Royale du Pont Levis, Tel. 04 93 05 46 73, www.netprovence.com/sivom entrevaux

ZIELE IN DER UMGEBUNG

Insider Tipp

Gorges de Daluis/ Gorges du Cians [112–113 B–E3]
Die Schluchten von Daluis werfen auf 7 km Länge ein Schlaglicht auf die Urgewalt des Var-Flusses, der sich zwischen Daluis und Guillaumes tief in leuchtend rotes Felsgestein gegraben hat. Sehenswert die legendenumwobene Brücke *Pont de la Mariée* auf halber Strecke und *Insider Tipp* zugleich Ausgangspunkt für Flusswanderungen und Canyoningtouren. Etappenort für Touren in der Schlucht ist *Guillaumes* [112 C1] mit den Ruinen des Schlosses aus dem 15. Jh. *(Hotel-Restaurant Les Chaudrons, 10 Zi., Tel. 04 93 05 50 01, €).*

Über die 1669 m hoch gelegene Skistation *Valberg* [113 D1] oder auf einem Umweg über das Felsendorf *Péone* sind die *Gorges du Cians* zu erreichen. Noch wilder als in der Nachbarschlucht ist die Landschaft hier; die D 28 windet sich durch ein halbes Dutzend Tunnels und öffnet immer wieder neue Perspektiven auf grandiose Naturschauspiele.

Informationen über und Führungen durch die beiden Schluchten im *Maison de Pays, N 202,*

06260 Puget-Théniers, Tel./Fax 04 93 05 05 05. Auskunft Guillaumes: Mairie, Tel. 04 93 05 57 76

Train des Pignes
★ Eine Fahrt mit dem »Pinienzapfenzug« ist sicher die originellste Art, das Hinterland der Côte d'Azur kennen zu lernen. Jedes Wochenende im Sommer zieht eine echte Dampflokomotive die Holzwaggons mit 220 Sitzplätzen über einen Teil der Anfang des 20. Jhs. gebauten Eisenbahnstrecke zwischen Nizza und Digne. Die insgesamt 150 km lange Strecke mit den 25 Tunnels und 33 Brücken ist in mehrere Abschnitte unterteilt. Die Reise wie zu Omas Zeiten führt von *Annot* nach *Puget-Théniers* [112 D3] *(Hauptstrecke der Fahrt mit der Dampflokomotive, Hin- und Rückfahrt 15 Euro, Dauer: 3,5 Std.)* Man kann im modernen Zug in 1,5 Stunden zurückfahren *(Preis 21 Euro).* Der normale Zug verkehrt mehrmals täglich auch werktags auf dieser Strecke. Eine Reservierung für die Fahrt im historischen Zug ist unbedingt erforderlich.

Auskunft: Gare des Chemins de fer de la Provence, 4 bis, rue Alfred Binet, 06000 Nice, Tel. 04 93 82 10 17; Gare de Digneles-Bains, av. Pierre Semard, 04000 Digne, Tel. 04 92 31 01 58, Gare d'Annot, Tel. 04 92 83 20 26, www.annot.com

DIE SEEALPEN

[113–115] Im äußersten Nordosten der Region, an der Grenze zu Italien, rücken die Alpen bis an die Küste vor und heißen daher Seealpen. Keine 50 km von Nizza entfernt führen kurvenreiche Straßen in eine großartige Gebirgslandschaft, die anfangs noch ganz mediterran geprägt ist, in höheren Lagen dann rein alpinen Charakter annimmt.

Im Rücken der Voralpen von Nizza, die bis 1800 m ansteigen, erheben sich die Seealpen und die Mercantour-Gruppe bis über 3000 m. Mehrere Flüsse – Paillon, Vésubie, Bévéra, Roya – stoßen in Nord-Süd-Richtung zur Küste vor und bilden eindrucksvolle Tallandschaften und Schluchten.

ZIELE IN DEN SEEALPEN

Parc National du Mercantour [114–115 A–E 1–5]

In der Hochgebirgsregion der Départements Alpes-Maritimes und Haute-Provence wurde 1979 der Nationalpark errichtet. Das 685 km² große Gelände erstreckt sich über 80 km entlang der italienischen Grenze und reicht in einer Zunge zwischen dem Oberlauf der Vésubie und der Roya weit nach Süden. Der höchste Gipfel, der Cime du Gélas (3143 m), liegt innerhalb des Parks, der trotz seiner Abgeschiedenheit gut erschlossen ist. Das Wegenetz, darunter die Fernwanderwege GR 5 und GR 52 A, der »Panoramaweg des Mercantour«, umfasst 600 km; man findet mehr als ein Dutzend Schutzhütten und Unterkünfte. In der unberührten Gebirgslandschaft gedeihen seltene Alpenblumen. Steinböcke, Muffelwild und Gemsen, Murmeltiere und Schneehasen haben hier ihr Revier. Seit kurzem leben im Nationalpark auch wieder Wölfe, die aus Italien eingewandert sind – zur Freude der Naturschützer, aber zum Ärger der Schafhirten. Es gibt Wandertouren mit Führer.

Auskunft: Maison du Parc national, Maison Valbergane, 06470 Valberg, Tel. 04 93 02 58 23, www.parc-mercantour.fr; Informationsstellen (nur im Sommer): Entraunes, auf der Route des Grandes

Einsame Täler und Schluchten kennzeichnen die Landschaft der Seealpen

Alpes (www.routedesgrandesalpes.com), Tel. 04 93 05 53 07, Refuge du Col de la Cayolle, Tel. 04 92 81 24 25

Vallée des Merveilles [115 D–E2]

★ Innerhalb des Mercantour-Nationalparks liegt im Bereich des Mont Bégo (2873 m), weitab von jeder Zivilisation, das Vallée des Merveilles, ein Nebental der Roya. In dieser abgeschiedenen Steinwüste gibt es kaum Pflanzenwuchs; es gibt auch keine Fahrstraße. Exkursionen mit dem Geländewagen werden von Tende und St-Dalmas-de-Tende aus veranstaltet.

Was das »Tal der Wunder« zum Geheimtipp für Eingeweihte macht, sind rund 40 000 rätselhafte Felsgravuren, die in einer Höhe von 2100 bis 2600 m in große, ebene Platten eingeschnitten wurden. Die Bilder stammen zum Großteil aus der frühen Bronzezeit (um 1800 bis 1500 v. Chr.).

Vésubie-Tal [114 A–C 2–6]

Die zwei Quellbäche der Vésubie, eines linken Nebenflusses der Var, entspringen in 2500 m Höhe im Mercantour-Gebirge nahe der italienischen Grenze. An ihrem Zusammenfluss liegt auf 960 m *St-Martin Vésubie* (1100 Ew.), Ausgangspunkt für Berg- und Klettertouren. Der Oberlauf des Flusses führt durch alpines Gelände mit Almen und Nadelwäldern. Im Mittellauf setzt sich dann bereits der mediterrane Einfluss durch, mit Weinbergen und Olivenhainen. Auf dem letzten Abschnitt vor der Mündung in den Var formte der Fluss die ★ *Gorges de la Vésubie,* eine Felsschlucht mit senkrechten Wänden. Unweit vom Eingang der Schlucht liegt hoch über dem Flusstal, durch das die Straße führt, das Bergdorf Utelle. Weiter bergauf geht es nach *La Madone d'Utelle,* Wallfahrtsort (2. Juli, 15. Aug., 8. Sept.) seit dem 9. Jh. ⚜ Überwältigend ist der Blick über die Alpen und das Meer.

VILLAGES PERCHÉS

Eine besondere Attraktion des Hinterlandes der Côte d'Azur sind die Dörfer, die wie Adlerhorste an steilen Hängen kleben oder hoch oben auf Felsplateaus und Hügelkuppen kauern, häufig im Schutz einer Burg. Erbaut aus erdfarbenem Bruchstein, die Dächer oft mit Schieferplatten gedeckt, heben sich die Häuser nur wenig von ihrer Umgebung ab. Ursprünglich waren sie richtige Fluchtstätten, erbaut zur Abwehr der ständigen Überfälle durch Seeräuber und Marodeure. Darum haben viele der Orte, obwohl sie nie das Stadtrecht besaßen, eine Umwallung, die häufig noch erhalten ist. Im Inneren des Mauergürtels schmiegen sich die Häuser aneinander im Gewirr mittelalterlicher Straßenzüge, die oft genug in steilen Treppen enden.

Es folgt eine kleine Auswahl der attraktivsten Orte, von denen einige auch im Kapitel Ausflüge & Touren (S. 83) Erwähnung finden.

Gourdon [119 F2]

Im Hinterland von Grasse scheint das alte Sarazenennest mit seiner Burg auf einem Felssporn 758 m hoch über dem Loup zu hocken. In dem kleinen, im Sommer überfüllten Touristenort wird an jeder Ecke in Souvenirläden Kunsthandwerk angeboten.

Lucéram [122 A3]

Im Hinterland von Nizza drängt sich das Bergdorf zwischen zwei Schluchten an eine Steilwand. In der *Pfarrkirche* (Rokoko mit romanisch-gotischem Kern) eine großartige Retabel-Sammlung der Schule von Nizza (um 1500). Schauplatz der »Hirtenweihnacht«.

Peillon [121 E1]

★ Das angeblich schönste Bergdorf der Provence (373 m) liegt wie das nahe *Peille* wildromantisch im Flussgebiet des Paillon in den Voralpen oberhalb von Monaco. In der Kapelle der weißen Büßer *(Chapelle des Pénitents Blancs)* großartige Fresken von Giovanni Canavesio (Schule von Nizza, um 1485).

Saorge [115 F3]

Das Dorf mit seinen beiden Burgen, 150 m über der Schlucht Gorges de Saorge gelegen, war lange Zeit Kontrollpunkt für die Straße von Nizza nach Turin. Es steht heute zu Recht unter Denkmalschutz. Ein Spaziergang durch die kleine Bergstadt lohnt sich: Die mittelalterlichen Häuser – viele davon aus dem 15. Jh. –, die die kleinen Gassen säumen, sind bis zu zehn Stockwerke hoch. Die Pfarrkirche mit ihrem barocken Inneren erinnert an eine Säulenbasilika. Aus dem 11. Jh. stammt die Kirche Madonna-del-Poggio mit dem schlanken, sechsstöckigen Glockenturm. Im 17. Jh. wurde das Franziskanerkloster mit seiner jüngst renovierten Fassade gebaut.

Zwischen Dorf und Kloster liegt das Restaurant *Lou Pountin, rue Revelli, Tel. 04 93 04 54 90, Mi geschl., €,* mit kühlem Speiseraum und sonniger Terrasse.

Seillans [118 B3]

Rund 30 km im Westen von Grasse ist dies das Surrealistendorf (1800 Ew.) par excellence. Der Maler Max Ernst hat hier seine letzten Lebensjahre verbracht. Ein kleines *Museum* zeigt Druckgrafik des Meisters *(Salle du Cercle, Di–Sa 14–18 Uhr, Eintritt 1,50 Euro).* Das Dorf unter einem mittelalterlichen Schloss ist in den Berg hineingebaut, mit steilen, engen und gepflasterten Gassen.

Auskunft: Office du Tourisme, rue du Valat, Tel. 04 94 76 85 91

Tourrettes-sur-Loup [120 A3]

Der romantische Flecken unweit von Vence, mit seinen 3500 Einwohnern beträchtlich größer als die übrigen »villages perchés«, die meist nur 300–500 Einwohner zählen, ist in den letzten Jahrzehnten zu einem Zentrum des provenzalischen Kunsthandwerks geworden.

Saorges, im Roya-Tal gelegen

Traumstraßen an der Traumküste Europas

Die Touren sind in der Karte auf dem hinteren Umschlag und im Reiseatlas ab Seite 110 grün markiert

1 IM LAND DER DÜFTE VON GRASSE NACH ANTIBES

Rosen und Veilchen, Orangen und Zitronen, Ginster und Mimosen. Die Region um Grasse ist das Land der Düfte, die Stadt selbst Mittelpunkt einer Route, die auf knapp 75 km an einem Tag alle Kontraste der Côte d'Azur wie unter einer Lupe bietet: Wilde Schluchten und Bergdörfer in atemberaubender Höhe, Tempel der modernen Kunst von Weltruf, blaues Meer mit gepflegten Sandstränden, mittelalterliche Burgen und moderne Feriensiedlungen, Großstadttrubel und menschenleere Wälder.

Parfüm gibt es seit 3000 Jahren, aber *Grasse (S. 56)* ist erst im 17. Jh. zur Welthauptstadt der verführerischen Düfte geworden. In der mittelalterlichen Stadt mit dem Mikroklima, in dem selbst die zartesten Pflanzen gedeihen, werden

Sospel, ein Dorf in den Seealpen, mit seiner Brücke aus dem 15. Jh.

heute noch die Parfüms der großen Couturiers in Frankreich kreiert – in Labors, die der Öffentlichkeit nicht zugänglich sind, versteht sich. Bereitwillig öffnen dagegen die drei großen Parfümhäuser Fragonard, Molinard und Galimard ihre Produktionsstätten. Fragonard, die älteste und größte Fabrik der Stadt, gibt einen Einblick in die Herstellung der duftenden Essenzen. Im ersten Stock des Unternehmens wurde ein Museum eingerichtet, das die Geschichte der Parfümflakons durch die Jahrhunderte nachzeichnet.

Grasse, nur knapp 20 km vom Meer entfernt, wurde durch die Parfumindustrie zum wohlhabenden Ort. Die Hügel rundherum sind fast vollständig bebaut. 6 km nordöstlich von Grasse zweigt die D 3 in Richtung Norden ab. Nun geht es hinein in die Berge. Man will es zuerst gar nicht glauben, aber hoch auf dem Felsen, der hinter den Kurven immer wieder auftaucht, liegt tatsächlich ein Dorf. *Gourdon (S. 80)* heißt das Nest, das um ein Schloss auf den Fundamenten einer sarazenischen Festung gebaut wurde. Auch dort oben wird Parfüm hergestellt. Dass auch auf den Bergen zarte Pflanzen gedeihen, beweist der Garten des Schlosses, den vor langer Zeit der Architekt und Baumeister Le Nôtre angelegt hat und der heute teilweise als botanische Forschungsstation genutzt wird. Gourdon ist eines der vielen Bergdörfer im Hinterland der Côte d'Azur, die nur überlebt haben, weil sie sich dem Tourismus geöffnet haben: mit all jenen Nachteilen, die Dutzende von Souvenirläden mit Kunsthandwerk in alten Mauern, leider mit sich bringen.

Mehr Charakter konnte sich *Tourrettes-sur-Loup (S. 81)* bewahren, knapp über 5 km Luftlinie von Gourdon entfernt, aber nur über die kurvenreiche Straße und die Brücke von Bramafan hoch über der Schlucht des Loup zu erreichen. Der Umweg entschädigt mit spektakulären Wasserfällen wie der 70 m hohen *Cascade de Courmes* Insider Tipp *(S. 77)* und einer Fabrik für kandierte Früchte, die Naschkatzen in Pont du Loup am Ausgang der Schlucht garantiert zur Pause verführt. Tourrettes-sur-Loup, dessen mittelalterlicher Kern sorgfältig erhalten ist, gilt als Hauptstadt der Veilchen, die auch heute noch an die Parfumfabriken in Grasse verkauft werden.

Bis in die 1960er-Jahre hinein ist auch *Vence (S. 43)*, 5 km weiter nach Osten durch Olivenhaine, Pinienwälder und Veilchenfelder auf der D 2210, noch ein kleines Dorf geblieben. Aber nachdem sich nach dem Zweiten Weltkrieg namhafte Künstler wie Jean Cocteau, Henri Matisse und Marc Chagall in dem damals 6000 Köpfe zählenden Ort niedergelassen hatten, war es bald mit der Ruhe vorbei. Die Altstadt, auf einem Felsplateau gelegen, ist trotzdem noch weitgehend intakt geblieben. Etwas außerhalb liegt die Rosenkranzkapelle *(S. 44)*, die

Antibes: Im Fort St-André ist das Archäologische Museum untergebracht

Henri Matisse ausstattete. Der Maler, dem heute in Nizza ein eigenes Museum gewidmet ist, war 1945 einer der ersten Schützlinge des Galeristenpaares Marguerite und Aimé Maeght, das sich in *St-Paul de Vence*, keine 5 km von Vence entfernt, einen Traum erfüllte: Die *Fondation Maeght (S. 45)*, eine der ersten privaten Stiftungen überhaupt in Europa, ist die Frucht der Begegnung von Kunst, Natur und Künstlern und seit ihrer Eröffnung 1964 einer der bekanntesten Wallfahrtsorte für die Anhänger moderner Kunst. Jahr für Jahr zieht die Stiftung 250 000 Besucher an.

Von St-Paul sind es nur 10 km bis ans Meer, bis an den Strand von *Cagnes-sur-Mer (S. 42)* mit der Pferderennbahn fast direkt am Wasser. Nur ein Katzensprung ist es bis nach *Antibes (S. 47)*, einer der sympathischsten Städte der Côte d'Azur mit einer das ganze Jahr über lebendigen Altstadt. Ein Kuriosum ist die *commune libre du Safranier*, wie der Montmartre in Paris ein Freistaat in der Stadt, seit 1966 mit eigenem Bürgermeister und Festkomitee. Ein Platz in dem Viertel ist nach dem Schriftsteller Nikos Kazantzakis (»Zorbas«) benannt, der gesagt haben soll, in Antibes fühle er sich immer noch wie in Griechenland. Von den Festungsmauern unweit des mittelalterlichen Grimaldi-Schlosses, das heute das Picasso-Museum beherbergt, ist der Blick vor allem im Winter einfach überwältigend: das blaue Meer der Engelsbucht, daneben die futuristische Feriensiedlung *Marina Baie des Anges (S. 42)*, die Silhouette von Nizza und darüber die schneebedeckten Gipfel der Seealpen.

insider tipp

2 KÜSTENWANDERWEG AUF DER HALBINSEL VON ST-TROPEZ

Der sentier littoral, der gelb markierte, 19 km lange Küstenwanderweg von Cavalaire zum Cap Camarat auf der Halbinsel von St-Tropez, ist mehr als nur ein Symbol für Umweltbewußtsein im Département Var, das die meisten Touristen nach Südfrankreich lockt. Die Wanderung durch wilde, romantische Landschaft dauert knapp 6 Std. Wer zwischendurch baden will, sollte Badebekleidung und Handtuch mitnehmen.

Ausgangspunkt für den Wanderweg mit Blick auf Himmel und Meer ist das Denkmal zur Landung der Alliierten am 15. Aug. 1944 im äußersten Osten des Strandes von *La Croix-Valmer*. Von dort geht es bis zur Pointe de la Bouillabaisse. Der *sentier littoral*, einst fast ausschließlich von den Zöllnern benutzt, führt durch felsiges Gelände durch einen Mimosenwald bis zum Strand von *Héraclée*. Im Sommer ist es überhaupt kein Problem, durch das praktisch trockene Bachbett im Valescure-Tal zum beliebten Gigaro-Strand *(le Mas de Gigaro)* zu kommen.

Der dann folgende Weg ist Eigentum des *Conservatoire du Littoral*, einer staatlichen Organisation, die sich seit 1975 den Schutz der Küste vor Zersiedlung auf die Fahne geschrieben hat. Im Département Var sind über 3000 ha Fläche aufgekauft worden. Der 290 ha große Küstenstreifen vom Mas du Gigaro bis zur Halbinsel Cap Taillat ist heute ein öffentlich zugängiges Schutzgebiet. Seit 1978 aufgegeben

Badepause: Der sentier littoral führt am Strand von L´Escalet vorbei

sind die Pläne, am Südzipfel der Halbinsel von St-Tropez eine Feriensiedlung mit Yachthafen zu bauen. Der Felsen mit den Aleppokiefern- und Korkeichenwäldern bleibt ein Nistplatz für Schwarzdrosseln, Grünspechte, Spatzen oder Seemöwen.

Auch ungeübte Wanderer schaffen ohne Probleme den Aufstieg zur 150 m hohen *Pointe Andati*, auf der noch die Reste eines Leuchtturms zu sehen sind. Wer beim Wandern eine Badepause machen möchte, muss noch das *Cap Lardier* umrunden. Die Geduld wird belohnt, entweder am Strand der *Bastide Blanche* oder, einen knappen Kilometer weiter, zu beiden Seiten der Halbinsel mit dem ==Cap Taillat==. Dort gibt es sogar einen kleinen Sandstrand. Noch bis weit in den Herbst hinein räkeln sich Sonnenanbeter auf den Felsen, auf denen sich einst der Zoll sein festes Domizil gebaut hatte.

Zwischen zwei Felsen führt der *sentier littoral* hoch über idyllischen, auch im Sommer nie überfüllten Badebuchten zum Strand von *L´Escalet*, der mit dem Auto von St-Tropez aus erreichbar ist. Das Touristenzentrum lässt grüßen, die ersten Wohnsiedlungen tauchen auf.

Das sich anschließende *Cap Camarat* mit seiner wunderschönen Aussichtsplattform ist Eigentum des Conservatoire du Littoral und damit vor Immobilienspekulation geschützt. Bei klarem Wetter ist von hier aus im Norden die Bergkette des Mercantour zu sehen. Vom Cap Camarat aus ist sogar der Weg bis in die Gefilde von St-Tropez als Sentier littoral ausgewiesen. Vom Parkplatz des Leuchtturms *(phare)* aus führt der Küstenwanderpfad hinter die *Pointe de la Bonne Terrasse* zum 3 km langen Strand von *Pampelonne* mitten hinein ins mondäne Badeleben.

3 FREIZEITSPORT IM TAL DER ROYA

Das Hinterland der Côte d'Azur wacht auf. Selbst im Sommer verschafft ein Ausflug von Menton ins Tal der Roya kühle Luft. Das Tal hat sich in den letzten Jahren eine Infrastruktur für Freizeitsport zugelegt. Kajakfahren, Canyoning, Wandern im Nationalpark, Klettern auf einer Via Ferrata und sogar Golfspielen – auf knapp 30 km einfacher Strecke ist alles möglich. Für die Anfahrt von Menton aus über Ventimiglia oder Sospel sind noch einmal 40 km zu veranschlagen. Dauer der Route: 1–2 Tage, für jene, die Sport treiben wollen, entsprechend länger.

Von Menton aus führt die kurvenreiche D 2566 durch das Vallée du Caraï nach *Sospel*. Das Wahrzeichen der zweitgrößten Stadt der Grafschaft Nizza ist die Brücke aus dem 15. Jh., früher eine Mautstelle an der *Route du Sel*, der Salzstraße. Die Brücke wurde im Zweiten Weltkrieg zerstört, 1953 aber mit Steinen aus dem Bett des Bévéra-Flusses neu aufgebaut. Sehenswert ist die Kathedrale St-Michel auf einem Platz, der von mittelalterlichen Arkadenhäusern umgeben ist. Von Sospel führt die D 2204 über den 879 m hohen Col de Brouis an das Ufer der Roya.

Ausgangspunkt für die Sporttour im Roya-Hochtal ist *Breil-sur-Roya*. Das Dorf liegt an beiden Ufern des Bergflusses, der hier zu einem künstlichen See aufgestaut ist. Das lokale Verkehrsamt *(Pl. Biancheri, 06450 Breil, Tel. 04 93 04 99 76)* vermittelt Kajakkurse oder Canyoning-Ausflüge in die Schluchten der Umgebung. Ein paar Kilometer flussaufwärts liegt der Ort *Saorge (S. 81)* eines der schönsten französischen Felsendörfer. Von Saorge aus kann man schöne Wanderungen im *Nationalpark des Mercantour (S. 79)* machen.

Letzter Schrei in Sachen Abenteuer in den Südalpen ist die *Via Ferrata*, der italienische Ausdruck für Kletterrouten in schwindelerregender Höhe, die voll ausgestattet sind mit Steigeisen, Leitern, Stegen und Brücken. Hoch über dem Bergdorf *Tende* ist zwischen zwei Felsen der 20 m lange und 40 cm breite Steg schon von weitem als Wahrzeichen der im Sommer 1997 eröffneten *Via Ferrata des Comtes Lascaris* zu sehen. Sahnehaube der Via Ferrata ist der Anstieg zur 270 m hoch gelegenen *Grotte des Hérétiques,* in der sich im 16. Jh. die verfolgten Hugenotten versammelten *(Auskünfte und Führungen über das Bureau des Guides du Val des Merveilles, 18, rue de France, 06430 Tende, Tel. 04 93 04 77 73).*

Den unvergleichlichen Charme der Bergwelt hat für Golfgenießer, die beim Einputten nicht unbedingt das Meer sehen wollen, der Golfplatz von *Vievola (Tel. 04 93 04 61 02)* zwischen Tende und der italienischen Grenze, der allerdings als 19-Loch-Anlage betrieben wird. Zurück an die Küste nach Menton führt der schnellste Weg von Breilsur-Roya über die französische N 204 zur Grenze und die italienische N 20 über *Ventimiglia*. Die Stadt ist bei Franzosen als Einkaufsparadies für günstige Alkoholika beliebt. Am Meer entlang führt die Via Aurelia zurück nach Frankreich.

Paradies für Sportbegeisterte

**Meer und Strand, Flüsse und Cañons –
die Côte d´Azur ist ein spannendes Terrain
für viele Sportarten**

Reißende Flüsse, die durch tiefe Täler fließen, das schroffe Hochgebirge mit ewigem Schnee, das Meer und seine Inseln, menschenleere Landschaften und Golfplätze mit Blick auf blaues Wasser: Die Côte d'Azur und ihr Hinterland sind ein Paradies, um alle denkbaren Sportarten zu betreiben. Amateure und Profis, von Wassersportlern über naturliebende Wanderer und ehrgeizige Bergsteiger bis hin zu begeisterten Mountainbikern und Golfern: Alle kommen auf ihre Kosten.

Den besten Überblick über Sportaktivitäten an der Küste und im Hinterland geben die regionalen Tourismuskomitees in Nizza, auf Französisch und Englisch unter *www.crt-riviera.fr* und *www.crt-paca.fr*

CANYONING

Schwimmen, Laufen, Springen, Abseilen, Klettern und sogar Tauchen: Das alles verbindet diese Sportart, die seit den 1980er-Jahren unter dem Namen Canyoning bekannt geworden ist. Eine Gruppe von

Surfer vor der Halbinsel Giens

mindestens drei Abenteuerlustigen hangelt sich dabei gemeinsam durch Schluchten, überwindet Berge und durchquert Bäche. Die Touren können nur eine Stunde oder aber mehrere Tage dauern.

Das Hinterland der Côte d'Azur bietet dafür beste Voraussetzungen. Klassiker sind die Touren in den Schluchten des Verdon wie der *Canyon de la Mainmorte*, bei dem als Höhepunkt das Abseilen aus 45 m Höhe in die grünen Fluten des Verdon auf dem Programm steht *(Anmarsch 20 Min., Dauer 3 Std., Rückkehr durch das Flussbett 5 Std.)*. Ebenso berühmt sind Touren bei Saorge im Roya-Tal: *La Maglia* mit der Passage durch eine Grotte *(Dauer: 4 Std. plus 1 Stunden An- und Abmarsch)* oder die 15 km lange *Bendola intégrale* mit einem Höhenunterschied von 1400 m, für die zwei Tage mit Biwak anzusetzen sind.

Für Anfänger und Fortgeschrittene ist das Tal des Estéron bei Aiglun mit der *Clue des Mujouls* zum Einstimmen, der *Clue de St-Auban* zum Schwimmen und der spektakulär engen *Clue d'Aiglun* zur Krönung empfehlenswert. Der Sport verlangt eine gute Ausrüstung und ausgebildete Tourenführer. Informationen über Canyoning im Verdon beim *Comité départemental du Tourisme, 19, rue du Docteur Honnorat, BP 170, 04005 Digne-les-Bains, Tel. 04 92 31 57 29, www.alpes-haute-provence.com.*

Tourenvorschläge in der französischsprachigen Broschüre *Descente de Canyon* von B. Gorgeon, E. Olive und P. Todjman. Über Canyoning im Département Alpes-Maritimes gibt es Informationen beim *Conseil Général 06, BP 3007, 0621 Nice Cedex, www.cg06.fr,* der den Tourenführer *Clues et Canyons* herausgegeben hat. In deutscher Sprache gibt die Commission Européenne de Canyon in La-Palud-sur-Verdon Tipps zu diesem Sport unter *www.cec-canyoning.org.*

Klettern im Grand Canyon du Verdon

GOLF

Der Golfsport hat an der Côte d' Azur eine lange Tradition. 1891 gründete der russische Großherzog Michael den *Golf Country Club* von Cannes-Mandelieu, heute der älteste an der Küste. Die jüngste Anlage ist nur 2–3 Monate im Jahr geöffnet: der Golfplatz *Isola 2000* auf über 2000 m Höhe mitten in den Bergen. Das *Comité Départemental du Tourisme du Var (B.P. 99, 83003 Draguignan Cedex, Tel. 04 94 50 55 50)* und das *Comité Régional du Tourisme, www.crt-riviera.fr,* haben eine deutschsprachige Broschüre Destination Golf mit allen Informationen herausgegeben.

KLETTERN

Für Extremkletterer in Europa sind die Schluchten des Verdon das Maß aller Dinge. Knapp tausend Strecken aller Schwierigkeitsgrade sind in den grauen und gelben Kalkfelsen hoch über dem grünen Wasser des Flusses eingerichtet. Kultstatus hat die *Falaise de l'Escalès*, eine 300 m hohe, senkrechte Wand ohne einen einzigen Felsvorsprung zum Ausruhen. Für Anfänger und Fortgeschrittene bieten sich die Sandsteinfelsen von Annot oder die roten Wände bei *Roquebrune-sur-Argens* an. Einen Vorgeschmack auf das Hochgebirge geben die Felswände im oberen *Tal des Var*.

Informationen über den Verdon gibt es beim *Comité départemental du Tourisme, 19, rue du Docteur Honnorat, BP 170, 04005 Digne-les-Bains, Tel. 04 92 31 57 29, www.alpes-haute-provence.com,* für die Südalpen beim *Comité Régional du Tourisme Riviera Côte d'-Azur, www.crt-riviera.fr*

SEGELN

An der Küste zwischen Hyères und Monaco gibt es über ein halbes Dutzend Häfen, die mehr als tausend Anlegeplätze bieten: Hyères, La Londe, Le Lavandou, St-Raphaël, Cannes, St-Laurent-du-Var und Antibes. Informationen gibt es beim Seglerverband, der *Fédération fra-*

nçaise de voile, 55 avenue Kléber, 75084 Paris Cedex 16, Tel. 01 48 89 39 89, in allen Häfen oder unter www.france-nautisme.com.

TAUCHEN & SCHNORCHELN

Felsenküste, klares Wasser und Fischreichtum sind die Grundvoraussetzungen, um Taucher und Schnorchler anzulocken: Vor der Küste der kleinen Insel Port-Cros vor Hyères ist ein Unterwasserweg für Schnorchler angelegt (Informationen im Bureau d'Informations du Parc, Tel. 04 94 01 40 72).

Insider Tipp

Wer tiefer hinunter will, ist an den felsigen Küsten der Halbinsel Giens, der Halbinsel von St-Tropez sowie vor La Napoule und Cannes, aber vor allem in St-Raphaël gut aufgehoben. Vor der Esterel-Küste liegen Dutzende von Schiffs- und Flugzeugwracks auf dem Meeresgrund, zum Teil nicht einmal 20 m unterm Wasserspiegel – mittlerweile ein Tummelplatz für eine Vielzahl von Meeresbewohnern. Informationen über die knapp 140 lokalen Tauchclubs bei der Fédération française d'études et de sportas sous-marins, 24, quai de Rive-Neuve, 13007 Marseille, Tel. 04 91 33 99 31. Deutsche Infos unter: www.europeanddiving.com, ffessmcotedazur.com

VIA FERRATA

Ursprünglich eine Erfindung des italienischen Militärs: In die Felsen der Dolomiten wurden die »eisernen Wege« geschlagen, um Menschen und Material über die Berge zu schleusen. In Frankreich bezeichnet der Begriff Via Ferrata jetzt eine neue Sportart, die Klettern, Alpinismus und Wandern miteinander verbindet. Ohne großes Training, aber mit professioneller Ausrüstung können Schwindelfreie sicher auf eisernen Treppen steile Felsen hochklettern, sich über einen Pont de Singe, eine Affenbrücke, über Schluchten hangeln. Es empfiehlt sich, für die erste Tour einen Führer zu engagieren. Die Via Ferrata du Baou de la Frema in Colmiane-Valdeblore (114 A2) ist für Einsteiger ideal. Die Via Ferrata des Comtes de Lascaris (115 F2) in Tende führt zu den geschichtlichen Wurzeln des Bergdorfes an der Grenze zu Italien. Neu eingerichtet sind die Kletterwege in Peille und Puget-Théniers.

Insider Tipp

Informationen gibt es bei den örtlichen Fremdenverkehrsämtern oder beim Comité Régional du Tourisme Riviera Côte d'Azur, www.crt-riviera.fr

WANDERN

Die alten Zöllnerpfade erleben als Wanderwege eine Renaissance (sentier littoral). Eine Auswahl der schönsten Wanderpfade im Département Var ist in der Broschüre »PR: Le Var, la côte varoise et les îles – les chemins de la découverte« zu finden, die vom französischen Wanderverband Fédération française de la Randonnée Pédestre (Centre d'information, 14, rue Riquet, 75019 Paris, Tel. 01 44 89 93 90) herausgegeben wurde. Dort bekommt man auch detaillierte Karten für die sechs großen GR, die Grandes Randonnées, die in den Alpes-Maritimes durchs Hochgebirge führen.

Großer Spaß für kleine Leute

Strandleben, Abenteuerparks und Museen machen die Côte d'Azur für Kinder zu einer riesigen Spielwiese

Es gibt gar keinen Zweifel: Für Kinder aus Mittel- und Nordeuropa ist das Mittelmeer eine einzige große Spielwiese. An der Küste sind mittlerweile auch die Kleinen Könige: Abenteuerparks, zoologische Gärten und außergewöhnliche Museen machen die Ferien im Süden auch dann interessant, wenn es einmal regnen sollte. Aber nicht nur am Meer, sondern auch im Hinterland richtet man sich auf die kleinen Kunden ein: Wassersport in Flüssen oder Seen macht dem Nachwuchs Spaß. Und für Kinder aus den Städten sind Landschaft und Meer mit ihrer reichen Fauna und Flora immer wieder ein Erlebnis. In Zentren mit dem Etikett *Station voile* sind für Kinder Meereskindergärten angelegt. Das Betreuungspersonal spricht allerdings oft nur Französisch.

MONACO UND UMGEBUNG

Koaland Menton [121 F1]
Vergnügungspark mit Tieren, Minigolf und Achterbahn. *5, av. de la Madone, Menton, tgl. 10–12, 14–19*

Ein riesiges Vergnügen: Marineland in Antibes

Uhr, Juli, Aug. 10–12, 15–24 Uhr, außerhalb der Ferien Di geschl., Eintritt frei, Einzelangebote über Jetons (1 Euro, 16 Jetons 10 Euro)

Ozeanografisches Museum Monaco [121 F2] *Insider Tipp*
Da staunen nicht nur die Kinder, wenn sie das 20 m lange Skelett eines Finnwals im großen Saal des Meeresmuseums von Monaco sehen. Zum Greifen nah sind auch die Fische hinter den dicken Glasscheiben der Aquarien. *Av. St-Martin, April–Sept. tgl. 9–19, Juli, Aug. bis 20 Uhr, März, Okt. 9.30–19, Nov.–Feb. 10–18 Uhr, Eintritt 9 Euro, Kinder 4,50 Euro*

Tiergarten Monaco [121 F2]
Affen, Schlangen und Jaguare sind die Stars im 1954 angelegten Park auf den Terrassen von Fontvieille. *Tgl. 10–12, 14–17 Uhr, im Sommer 9–12, 14–19 Uhr, Eintritt 3 Euro, Kinder 1 Euro*

NIZZA UND UMGEBUNG

Parc Phoenix Nizza [121 D3]
Exotische Tiere und Vögelund tropische Pflanzenwelt unter einem der größten Gewächshäuser Euro-

pas. Für Kinder, die eine Pause vom Strandleben brauchen. *405, Promenade des Anglais, tgl. 9.30–19, im Winter bis 17 Uhr, Eintritt 6 Euro, für Kinder 3,80 Euro*

Zoo Cap Ferrat [121 D3]

300 Tiere wie Krokodile, Bären, Raubtiere, Affen und Papageien in einer tropischen Vegetation. *Auf der Westseite der Halbinsel, tgl. 9.30–19, im Winter bis 19 Uhr, Eintritt 7,50 Euro, Kinder 6 Euro*

CANNES UND UMGEBUNG

Marineland Antibes [120 B4]

Seit 30 Jahren großes Schauspiel im Meereszoo Marineland bei Antibes: In einem der größten Vergnügungsparks Europas sind Delfine, Killerwale, Pinguine und Haie sind in riesigen Becken zu bewundern *(tgl. 10–18 Uhr, im Sommer teils bis 24 Uhr, Eintritt 23 Euro, für Kinder von 3–12 Jahren 15 Euro)*. Auf dem Gelände ist außerdem der Wasservergnügungspark *Aqua-Splash* mit Rutschbahnen und Kinderbecken eingerichtet *(Mitte Juni–Anf. Sept. tgl. 10–19 Uhr, Eintritt 15 Euro, Kinder 12,50 Euro)*. Dazu kommen noch *Adventure Golf*, ein Minigolfplatz *(Mi, Sa, So, Feiertage und Schulferienzeit 10–19 Uhr, Eintritt 7,50 Euro, Kinder 6 Euro)*, *La Petite Ferme*, ein Bauernhof *(tgl. 10–17 Uhr, Eintritt 8,50 Euro, Kinder 6,80 Euro)* und der *Jungle des Papillons*, der Schmetterlingsdschungel mit Papageien *(tgl. 10–18 Uhr, Eintritt 7 Euro, Kinder 5 Euro)*. Für das ganze Gelände gibt es ==Spezialtarife==, wenn einzelne Angebote kombiniert werden. *Auskunft: Marineland, RN 7, Antibes, Tel. 04 93 33 49 49, www.marineland.fr*

Insider Tipp

Wassersportzentrum Antibes [120 B5]

Einen speziellen Kurs für »Leichtmatrosen« von 5–8 Jahren bietet das Wassersportzentrum Antibes-Juan-les-Pins an. Während eines 6-tägigen Kurses *(ca. 90 Euro)* wird eine Einführung in die Segelpraxis, Windsurfen und Babywasserski gegeben. *Information im Maison de Tourisme, 11, pl. Général-de-Gaulle, Tel. 04 92 90 53 00, www.antibes-juanlespins.com*

DIE WESTLICHE KÜSTE

Aquatica Fréjus [126 C1–2]

Eines der größten Spaßfreibäder der Region an der RN 98 bei Fréjus. *RN 98, Juni–Sept. tgl. 10–18, Juli, Aug. bis 19 Uhr, Eintritt 20 Euro, Kinder unter 1 m gratis, über 1 m 16,50 Euro, www.parcaquatica.com*

Safaripark Fréjus [126 C1]

Rund 5 km nördlich der Stadt leben auf Raubkatzen, Elefanten, Affen, aber auch Flamingos, Geier und Papageien. *Tgl. 10–17 Uhr, im Sommer 9.30–18.30 Uhr, Eintritt 9,50 Euro, Kinder bis 10 Jahre 5,70 Euro*

Schildkrötendorf Gonfaron [116 C6]

Am Fuß des Massif des Maures leben Hunderte von Hermann-Landschildkröten unter wissenschaftlicher Betreuung in der freien Natur. *Village de Tortues de Gonfaron, 2 km außerhalb des Dorfes an der D 75, März–Ende Nov. tgl. 9–19 Uhr, Eintritt 6 Euro, Kinder 4,50 Euro*

Station Voile St-Raphaël [127 E1–2]

St-Raphaël gehört zu den wichtigsten Wassersportzentren der Region.

Kleine Optimisten: Spezielle Kurse machen Kinder mit dem Segeln vertraut

Am Strand von Cap Dramont gibt es eine Fülle von Angeboten auch für Kinder: Segel-, Tauch- oder Kajakschule. *Auskunft: Office du Tourisme, rue Waldeck-Rousseau, Tel. 04 94 83 85 40, www.saint-raphael.com oder www.france-nautisme.com*

DAS LANDESINNERE

Wasserwandern im Estéron   [119 D6]

Als Vorstufe für das Canyoning lernen Kinder auf spielerische Art das Wandern im Wasser. *Auskunft: Office du Tourisme, 21, Gr. Rue, Gréolières, Tel. 04 93 59 97 94, www.paysaccueil-provence06.net*

Colmiane Forest   [114 A2]

In unmittelbarer Nähe der Via Ferrata der erste Abenteuerwald im Département Alpes-Maritimes mit 30 verschiedenen Übungen zum Felsenklettern. Für Kinder ab 5 Jahren gibt es einen speziellen Parcours. *Im Sommer tgl. 9.30–17 Uhr, Tel. 04 93 02 83 54, Reservierung erforderlich*

Kanufahren in Breil-sur-Roya   [115 E4]

Früh übt sich, wer ein Meister werden will. In Breil-sur-Roya ist der Wildwasserfluss aufgestaut und ergibt damit eine ideale Trainingsfläche auch für Kinder. *Auskunft: Office du Tourisme, Pl. Biancheri, Tel. 04 93 04 99 76*

Kajakfahren auf dem Verdon   [110 B–C4]

Am Ausgang der Verdon-Schlucht bei Moustiers-Ste-Marie und auf dem Stausee Ste-Croix hat sich das Wassersportzentrum unter dem Etikett Station Voile auf den Unterricht von Anfängern und Kindern spezialisiert. *Auskunft: Comité départemental du Tourisme, 19, rue Docteur Honnorat, Tel. 04 92 31 57 29, www.alpes-haute-provence.com*

Angesagt!

**Was Sie wissen sollten über Trends,
die Szene und Kuriositäten an der Côte d'Azur**

Reiten über Wellen

Volles Segel voraus, das ist immer noch die Devise an den Stränden des *tombolo*, der die Halbinsel von Giens mit Hyères verbindet. Die ersten Windsurfer aus ganz Europa treffen sich schon vor Ostern an dieser Küste. Wenn der Ostwind pfeift, geht's an den Bergerie-Strand im Osten. Bläst der Mistral aus dem Norden, ist der Almanarre-Strand im Westen die erste Wahl für Surfer.

Tanzen im Freien

Das ist der Traum: Heiße Rhythmen in lauen Nächten unterm Sternenhimmel. Im Sommer schießen die Diskos an den Stränden wie Pilze aus dem Boden. Die Nummer eins bleibt »La Siesta« in Antibes an der Straße nach Nizza: Jeden Abend ist grandioses Abtanzen für ein paar tausend Leute angesagt.

Gucken nach Stars

Hat seit 50 Jahren nichts von seinem Reiz verloren. Gucken nach Stars ist an der Côte das ganze Jahr über angesagt. Wer sie live sehen will, stellt sich beim Filmfestival in Cannes Anfang Mai einfach neben die große Treppe beim Festspielbunker. Ein bisschen Geduld, und Cathérine Deneuve oder Silvester Stallone tauchen nicht nur auf der Leinwand auf. Pop- und Rockgrößen trifft man zur Midem-Messe, Formel 1-Rennfahrer in den Discos von Monaco – und jede Menge Promis in den Straßen von St-Tropez.

Mode in St-Tropez

St-Tropez zehrt zwar inzwischen vom Ruhm der 1960er-Jahre, aber gilt weiter als Maßstab für alles, was »chic« und ausgefallen ist. Eine Tour am Abend durch die Altstadt öffnet allen Modebewussten die Augen.

Luxus-Pastis schlürfen

Als Apéritif gehört er zu Frankreich wie das Pétanque-Spiel. Der Pastis Henri Bardouin gilt als Luxusgetränk. Er ist aus 50 Kräutern und Gewürzen gebraut und hat die Herzen von Feinschmeckern erobert.

Von Anreise bis Zoll

Hier finden Sie kurz gefasst die wichtigsten Adressen und Informationen für Ihre Reise an die Côte d'Azur

ANREISE

Auto

Die französische Mittelmeerküste ist mit dem Auto recht gut zu erreichen. Für Besucher aus Norddeutschland oder dem Rheinland führt die schnellste Route über Karlsruhe–Freiburg–Mulhouse–Lyon–Aix-en-Provence an die Côte d'Azur. Wer Zeit hat, fährt über Basel–Genf–Grenoble und die Route Napoléon über Digne und Grasse an die Küste. Urlauber aus Bayern und Österreich haben die Alternative, die Côte d'Azur auch über die (allerdings stark frequentierte) Brenner-Autobahn und dann über Mailand und Genua zu erreichen.

Auf den französischen und italienischen Autobahnen sowie über den Brenner werden Mautgebühren von unterschiedlicher Höhe erhoben; auf den Schweizer Autobahnen zahlt man eine Jahresgebühr für die Vignette.

Bahn

Zwischen Fréjus und Menton verläuft die Bahnlinie Marseille–Toulon–Genua entlang der Küste. Hyères ist durch eine Stichbahn mit Toulon verbunden. Die zeitlich kürzeste Strecke ist die durch Frankreich über Paris. Von Paris aus ist man mit dem Hochgeschwindigkeitszug TGV (Train à Grande Vitesse) in weniger als drei Stunden in Marseille. Der TGV ist zuschlag- und reservierungspflichtig.

Länger dauert die Fahrt über Basel, Genf und Lyon (15,5 Std. ab Hamburg) oder über Mailand, Turin und Genua. Eine andere Möglichkeit ist die Fahrt über Straßburg, Lyon und Valence, die von Hamburg aus ca. 16,5 Std. dauert. Im Sommer verkehren von Hamburg, Hannover und Köln Autoreisezüge bis Fréjus.

Flugzeug

Der zentrale Flughafen mit internationalen Verbindungen ist Nice–Côte d'Azur. Daneben gibt es mehrere lokale Flugplätze, zum Beispiel in Cannes und Hyères (für Toulon). Von Deutschland aus dauert der Flug nach Nizza 1,5–2 Stunden.

AUSKUNFT

Französisches Fremdenverkehrsamt

– Westendstr. 47, 60325 Frankfurt am Main, Tel. 0190/57 00 25, Fax 0190/59 90 61
– Argentinier Str. 41, 1040 Wien, Tel. 0900 250015, Fax 01/5032871
– Rennweg 42, 8023 Zürich, Tel. 0900 900699, Fax 01/2174617
www.franceguide.com

Comité Régional du Tourisme Riviera – Côte d'Azur

55, promenade des Anglais, F-06000 Nice, Tel. 0493377878, Fax 0493860106, www.crt-riviera.fr

Comité Régional du Tourisme Provence-Alpes – Côte d'Azur

Les Docks, 10, pl. de la Joilette, Atrium 10.5, 13567 Marseille, Tel. 04 91 56 47 00, Fax 04 91 56 47 01, www.crt-paca.fr

AUTO

Zunächst eine generelle Warnung: Die Küstenstraßen sind zumal in der Hauptsaison Juli/Aug. übervoll, vor allem die Küstenstraße N 98 und die Haupttransversale N 7. Die Autobahn ist mautpflichtig. Höchstgeschwindigkeiten betragen auf der Autobahn 130, bei Regen 110 km/h, auf Schnellstraßen 110, bei Regen 100 km/h, und auf National- und Départementstraßen (N, D) 90, bei Regen 80 km/h. In Ortschaften darf nur 50 km/h gefahren werden. Die Promillegrenze liegt bei 0,5.

Wer in eine Polizeikontrolle gerät, muss schon bei geringen Tempoüberschreitungen hohe Geldbußen zahlen. Pannenhilfe: Abschleppen *(dépanneur-remorqueur)* wird von der Polizei vermittelt, Notrufsäule oder Rufnummer 17. ADAC-Auslandsnotruf in München berät auch Nichtmitglieder über *Tel. 0049/892222 22* rund um die Uhr.

Verkehrsunfall: Die Polizei muss nur bei Personenschaden eingreifen. Nehmen Sie unbedingt die internationale grüne Versicherungskarte mit.

BANKEN

Öffnungszeiten meist *Mo–Fr 8.30–12, 14–17 Uhr*, in Großstädten auch *Sa bis 16 Uhr*. Geldautomaten findet man fast überall. Kreditkarten werden nicht nur in großen Hotels und Restaurants, sondern in vielen Geschäften, Supermärkten, Autobahnzahlstellen *(péage)* oder Tankstellen angenommen *(Eurocard, Visa)*.

BUSSE

Von den Französischen Staatsbahnen (SNCF) und privaten Unternehmern wird ein dichtes Busnetz aufrechterhalten. Auskunft über Linien und Preise geben die Verkehrsämter *(Office de tourisme)*. Neben dem Linienverkehr werden vor allem in den größeren Touristenzentren Ausflugsfahrten aller Art angeboten, so dass Sie nicht unbedingt ein eigenes Auto benötigen.

CAMPING

An der Côte d'Azur gibt es an die 150 Campingplätze aller Kategorien. Beliebt bei Familien ist »Camping auf dem Bauernhof« *(Camping à la ferme)*. Wildes Camping ist nicht erlaubt. In der Hochsaison ist in den Zentren Vorbestellung ratsam. Hilfreich dabei ist immer der ADAC-Campingführer.

DIPLOMATISCHE VERTRETUNG

Konsulat der Bundesrepublik Deutschland

34, av. Henri Matisse, F-06200 Nice, Tel. 04 93 83 55 25, Fax 04 93 83 05 50

Österreichisches Konsulat

6, av. de Verdun, F-06000 Nice,
Tel. 04 93 87 01 31

Schweizer Konsulat

13, rue Alphonse Karr, F-06000
Nice, Tel. 04 93 88 85 09, Fax
04 93 88 52 47

FKK (NATURISME)

An der Côte d'Azur ist die Freikörperkultur seit 1931 heimisch (Héliopolis auf der Ile de Levant). Heute gibt es in mehreren Badeorten eigene *centres des nudistes*. Oben
ohne ist an der Küste fast selbstver-
ständlich; Freikörperstrände tragen
den Hinweis »naturistes«.

GESUNDHEIT

Krankenhäuser und Apotheken in
den größeren Orten haben Not-
dienste rund um die Uhr. Die Polizei *(Tel. 17)* vermittelt.

Deutsche und österreichische
Versicherte können die französische
Krankenversicherung in Anspruch
nehmen. Sie müssen zwar zunächst
für die medizinische Hilfe bezahlen, bekommen Ihre Auslagen aber
problemlos zu Hause zurückerstat-
tet.

INTERNET

In Frankreich ist Internet so weit
verbreitet wie in den deutschspra-
chigen Ländern. Die ersten französischen Anbieter wie das Verkehrsamt von Nizza *(www.nicetourism.
com)* oder das Maison de la France
(www.franceguide.com) präsentie-
ren inzwischen ihre Informationen
auch in deutscher Sprache. Täglich
aktualisiert wird die Seite in deutscher Sprache des kommerziellen
Anbieters *www.frankreich-info.de*
mit Nachrichten, Tipps und kom-
mentierten Links.

INTERNETCAFÉS

In allen großen Städten, aber inzwischen auch in Dörfern des Hinterlandes gibt es Internetcafés. Zu den
größten Cafés gehört das *Web 66
Cyber Café* in Antibes/Juan-les-Pins
(Tel. 04 39 67 60 60), *Webstore
(12, rue de Russie, Tel. 04 93 87
87 99)* und *Europolis (13, rue Paul*

Bücherwürmern zu empfehlen

**Literatur über die Küste macht – oft
buchstäblich — Appetit auf mehr**

D as Kochbuch »Der Ducasse« mit den besten Rezepten vom
Meisterkoch der französischen Küche bereitet gut auf eine
kulinarische Reise vor *(Alain Ducasse, Linda Dannenberg,
Mosaik-Verlag)*. Wer sich für das Fürstengeschlecht Grimaldi inter-
essiert, ist mit »Monaco – Die Geschichte, die Fürsten, die Zu-
kunft« *(Editions Ajax)* gut bedient. Den »Golf-Führer Frankreich«
in deutscher Sprache hat *Planète Editions* herausgegeben.

Deroulede, Tel. 04 93 88 40 01) in Nizza.

JUGENDHERBERGEN

Es gibt insgesamt nur elf Jugendherbergen, Jugendhotels und Ferienzentren mit insgesamt 2400 Betten in Mehrbettzimmern und Schlafsälen, davon allein 1200 im *Centre International, Valbonne, Tel. 04 93 65 33 34.* Besonders in der Hochsaison unbedingt schriftlich vorbestellen! Voraussetzung dazu: der internationale Jugendherbergsausweis (keine Altersbegrenzung).

Ausführliche Auskünfte erteilen die Jugendherbergsverbände zu Hause oder die französische *Fédération Unie des Auberges de Jeunesse, 6, rue Mesnil, 75116 Paris, Tel. 01 42 85 55 40* und *01 44 89 87 27, www.fuaj.org*

POST

Briefe (20 g) und Postkarten von Frankreich in andere EU-Länder und die Schweiz kosten 46 Euro. Die Briefkästen sind leuchtend gelb. Monaco hat eigene Briefmarken. Die Postämter sind Mo-Fr 9–12 und 14–17 Uhr, Sa 9–12 Uhr geöffnet; Briefmarken gibt es auch im Tabakgeschäft oder am besten gleich beim Kauf der Postkarte.

PRIVATUNTERKUNFT

Wer Kontakt zur Bevölkerung sucht und/oder gern billiger wohnen will: Privatquartiere auf dem Land werden vermittelt von *Gîtes de France* (Ferienwohnungen) und *Chambres d'Hôtes* (Fremdenzimmer). Listen gibt es in den Fremdenverkehrsbüros oder direkt: *Maison des Gîtes de France, 59, rue St-Lazare, 75009 Paris, Tel. 01 49 70 75 75, Fax 01 49 70 75 76, www.gites-de-france.fr*

REISEZEIT

Die beste Reisezeit sind die Monate Mai, Juni und September. In dieser Zeit sind die Hotels und Strände nicht allzu überfüllt, außerdem ist es nicht ganz so heiß. Oder Sie reisen wie die Engländer vor 100 Jahren zur Mimosenblüte ab Ende Januar, um dem nord- und mitteleuropäischen Winter zu entfliehen. März und April sind häufig verregnet, Juli und August extrem heiß. Darüber hinaus sind die Strände überfüllt.

Viele Restaurants und Hotels machen mehrere Wochen Winterpause. Sollten Sie in der kälteren Jahreszeit reisen, empfiehlt sich ein vorheriger Anruf im gewünschten Haus. Auch manche Museen haben im November geschlossen.

STROM

220 Volt. Deutsche Stecker passen häufig nicht in französische Steckdosen, da hilft ein Adapter.

TELEFON & HANDY

Die Franzosen nennen das Handy *portable*. Bei den Mobiltelefonen konkurrieren drei große Anbieter miteinander: , Cegetel *(www.sfr.fr)*, France Télécom *(www.itineris. com)* und Bouygues *(www.bouyguestelecom.fr)*, deren Netze das ganze Land überziehen. In den Bergen gibt es jedoch oft keine Versorgung. Für Gespräche innerhalb Frankreichs lohnt es sich, eine Karte dieser Anbieter zu kaufen. An-

sonsten bleibt mobiles Telefonieren im Ausland teuer: Handybesitzer bezahlen auch, wenn sie in Frankreich von zu Hause angerufen werden.

Wegen des Handybooms in Frankreich gibt es immer weniger öffentliche Telefonzellen. Die sind inzwischen fast alle auf Karten (25 oder 60 Euro) umgestellt sind, die Sie am Postschalter oder in Tabakläden kaufen können.

Vorwahl nach Deutschland: 0049, nach Österreich 0043, in die Schweiz 0041, dann die Ortsvorwahl ohne 0, dann die Rufnummer. Vorwahl nach Frankreich: 0033, dann die Rufnummer ohne die 0 vorweg (innerhalb Frankreichs gibt es keine Vorwahl).

TRINKGELD

Bei verschiedenen Gelegenheiten sollte man Trinkgeld *(pourboire)* geben: Im Restaurant oder Café wird

Was kostet wie viel?

Mittagsmenü	**ab 9,50 Euro** für ein *Menu touristique*
Espresso	**ab 1,30 Euro** ein Espresso
Wasser	**2,30 Euro** eine Flasche Mineralwasser
Wein	**ab 4 Euro** eine Karaffe Landwein
Benzin	**1,17 Euro** ein Liter Super
Briefmarke	**46 Cent** für eine Postkarte ins Ausland

nach oben um bis zu zehn Prozent aufgerundet; den Betrag lässt man auf dem Tisch liegen. Im Hotel gibt man bei besonderen Dienstleistungen ein Trinkgeld, ebenso dem Zimmermädchen (pro Woche etwa 7,50 Euro). Im Taxi sind zehn Prozent üblich.

Eine französische Eigenheit ist das Trinkgeld für die Platzanweiserin im Kino (30–50 Cent). Beim Friseur legt man 1-2 Euro in das Schälchen bei der Kasse.

ZEITUNGEN

Die größten regionalen Tageszeitungen sind *Nice Matin* und *Var Matin*. Daneben gibt es in allen größeren Orten deutschsprachige Zeitungen und Illustrierte. Deutschsprachige Publikationen wie die *Frankfurter Allgemeine* oder *Süd-* *deutsche Zeitung* sind in der Regel am Tag nach ihrem Erscheinen zu kaufen.

Eine Besonderheit ist die in Drap bei Nizza erscheinende Monatszeitschrift *Riviera-Côte d'Azur-Zeitung (www.rczeitung.com)* in deutscher Sprache mit vielen praktischen Informationen über die Côte d'Azur.

ZOLL

Innerhalb der EU dürfen Waren für den persönlichen Bedarf und Gebrauch frei ein- und ausgeführt werden, z. B. bis zu 800 Zigaretten, 90 Liter Wein. Für Schweizer gilt: Waren bis zu einem Gesamtwert von 200 sfr, plus 200 Zigaretten oder 50 Zigarren oder 250 g Tabak; 1 l Spirituosen über oder 2 l unter 15 Prozent sowie zwei Liter Wein.

Wetter in Nizza

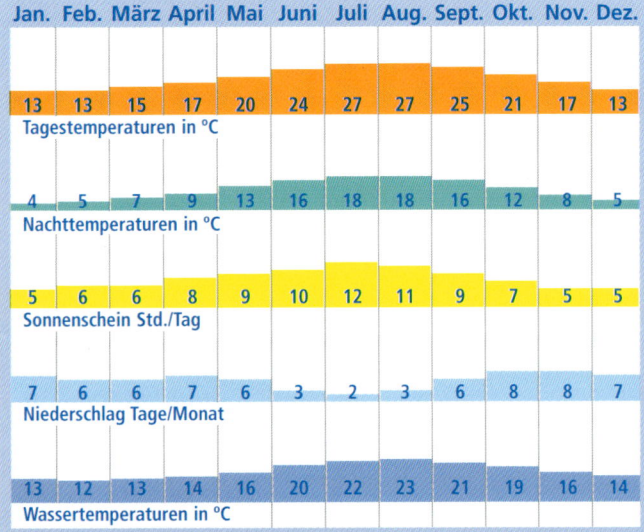

	Jan.	Feb.	März	April	Mai	Juni	Juli	Aug.	Sept.	Okt.	Nov.	Dez.
Tagestemperaturen in °C	13	13	15	17	20	24	27	27	25	21	17	13
Nachttemperaturen in °C	4	5	7	9	13	16	18	18	16	12	8	5
Sonnenschein Std./Tag	5	6	6	8	9	10	12	11	9	7	5	5
Niederschlag Tage/Monat	7	6	6	7	6	3	2	3	6	8	8	7
Wassertemperaturen in °C	13	12	13	14	16	20	22	23	21	19	16	14

Tu parles français?

»Sprichst du Französisch?«
Dieser Sprachführer hilft Ihnen, die wichtigsten
Wörter und Sätze auf Französisch zu sagen

> Zur Erleichterung der Aussprache sind alle französischen Wörter mit einer einfachen Aussprache (in eckigen Klammern) versehen.

AUF EINEN BLICK

Ja./Nein.	Oui. [ui]/Non. [nong]
Vielleicht.	Peut-être [pöhtätr]
Bitte.	S'il vous plaît. [sil wu plä]
Danke.	Merci. [märsi]
Gern geschehen.	De rien. [dö rjäng]
Entschuldigen Sie!	Excusez-moi! [äksküseh mua]
Wie bitte?	Comment? [kommang]
Ich verstehe Sie/dich nicht.	Je ne comprends pas. [schön kongprang pa]
Ich spreche nur wenig Französisch.	Je parle un tout petit peu français. [schparl äng tu pti pöh frangsä]
Können Sie mir bitte helfen?	Vous pouvez m'aider, s.v.p.? [wu puweh mehdeh sil wu plä]
Sprechen Sie Deutsch/Englisch?	Vous parlez allemand/anglais? [wu parleh almang/anglä]
Ich möchte …	J'aimerais … [schämrä]
Das gefällt mir nicht.	Ça ne me plaît pas. [san mö plä pa]
Haben Sie …?	Vous avez …? [wus_aweh]
Wie viel kostet es?	Combien ça coûte? [kongbjäng sa kut]
Wie viel Uhr ist es?	Quelle heure est-il? [käl_ör ät_il]

KENNENLERNEN

Guten Morgen/Tag!	Bonjour! [bongschur]
Guten Abend!	Bonsoir! [bongsuar]
Hallo!/Grüß dich!	Salut! [salü]
Wie ist Ihr Name, bitte?	Comment vous appelez-vous? [kommang wus_apleh wu]
Wie heißt du?	Comment tu t'appelles? [kommang tü tapäl]

Wie geht es Ihnen/dir?	Comment allez-vous/vas-tu?
	[kommangt_aleh wu/wa tü]
Danke. Und Ihnen/dir?	Bien, merci. Et vous-même/toi?
	[bjäng märsi. eh wu mäm/tua]
Auf Wiedersehen!	Au revoir! [oh röwuar]
Tschüss!	Salut! [salü]

UNTERWEGS

Auskunft
links/rechts	à gauche [a gohsch]/à droite [a druat]
geradeaus	tout droit [tu drua]
nah/weit	près [prä]/loin [luäng]
Bitte, wo ist ...?	Pardon, où se trouve ..., s.v.p.?
	[pardong, us truw ... sil wu plä]
Wie weit ist das?	C'est à combien de kilomètres d'ici?
	[sät_a kongbjängd kilomätrö disi]

Panne
Ich habe eine Panne.	Je suis en panne. [schö süis_ang pan]
Würden Sie mir bitte einen Abschleppwagen schicken?	Est-ce que vous pouvez m'envoyer une dépanneuse, s.v.p.?
	[äs_kö wu puweh mangwuajeh ün deh panöhs sil wu plä]
Gibt es hier in der Nähe eine Werkstatt?	Est-ce qu'il y a un garage près d'ici?
	[äs_kil_ja äng garasch prä disi]
... ist defekt.	... est défectueux. [ä dehfäktüöh]

Tankstelle
Wo ist bitte die nächste Tankstelle?	Pardon, Mme/Mlle/M., où est la station-service la plus proche, s.v.p.?
	[pardong madam/madmuasäl/mösjöh u ä la stasjong särwis la plü prosch sil wu plä]
Ich möchte ... Liter.	... litres, s'il vous plaît. [litrö sil wu plä]
Super.	Du super. [dü süpär]
Diesel.	Du gas-oil. [dü gasual]
bleifrei/mit ... Oktan.	Du sans-plomb/... octanes.
	[dü sang plong/ ... oktan]
Voll tanken, bitte.	Le plein, s.v.p. [lö pläng sil wu plä]

Unfall
Hilfe!	Au secours! [oh skur]
Achtung!	Attention! [atangsjong]
Rufen Sie bitte schnell ...	Appelez vite ... [apleh wit]
... einen Krankenwagen.	... une ambulance. [ün_angbülangs]
... die Polizei.	... la police. [la polis]
... die Feuerwehr.	... les pompiers. [leh pongpjeh]

Es war meine Schuld.	C'est moi qui suis en tort.
	[sä mua ki süis_ang torr]
Es war Ihre Schuld.	C'est vous qui êtes en tort.
	[sä wu ki äts_ang torr]
Geben Sie mir bitte Ihren Namen und Ihre Anschrift!	Vous pouvez me donner votre nom et votre adresse?
	[wu puweh mö donneh wottrö nong eh wottr_adräs]

ESSEN/UNTERHALTUNG

Wo gibt es hier ...	Vous pourriez m'indiquer...
	[wu purjeh mängdikeh]
... ein gutes Restaurant?	... un bon restaurant?
	[äng bong rästorang]
... ein nicht zu teures Restaurant?	... un restaurant pas trop cher?
	[äng rästorang pa troh schär]
Reservieren Sie uns bitte für heute Abend einen Tisch für vier Personen.	Je voudrais réserver une table pour ce soir, pour quatre personnes.
	[schwudrä räsehrweh ün tablö pur sö suar pur kat pärsonn]
Wo sind bitte die Toiletten?	Où sont les W.-C., s.v.p.?
	[u song leh wehseh sil wu plä]
Auf Ihr Wohl!	A votre santé!/A la vôtre!
	[a wottr sangteh/a la wohtr]
Bezahlen, bitte.	L'addition, s.v.p. [ladisjong sil wu plä]

ÜBERNACHTUNG

Können Sie mir bitte ... empfehlen?	Pardon, Mme/Mlle/M., vous pourriez recommander ...?
	[pardong madam/madmuasäl/mösjöh wu purjeh rökommangdeh]
... ein gutes Hotel	... un bon hôtel [äng bonn_ohtäl]
Haben Sie noch ...?	Est-ce que vous avez encore ...?
	[äs_kö wus_aweh angkorr]
... ein Einzelzimmer	... une chambre pour une personne
	[ün schangbr pur ün pärsonn]
... ein Zweibettzimmer	... une chambre pour deux personnes [ün schangbr pur döh pärsonn]
... mit Bad	... avec salle de bains
	[awäk sal dö bäng]
... für eine Nacht	... pour une nuit [pür ün nüi]
Was kostet das Zimmer mit ...	Quel est le prix de la chambre, ...
	[käl_ä lö prid la schangbr]
... Frühstück?	... petit déjeuner compris?
	[pti dehschöneh kongpri]

Arzt

Können Sie mir einen
guten Arzt empfehlen?

Vous pourriez recommander un
bon médecin, s.v.p.?
[wu purjeh rökommangdeh äng bong
mehdsäng sil wu plä]

Ich habe hier Schmerzen.

J'ai mal ici. [scheh mal isi]

Bank

Wo ist hier bitte ...

Pardon, je cherche ...
[pardong schö schärsch]

... eine Bank?

... une banque. [ün bangk]

Ich möchte -
Schweizer Franken
in Euro wechseln.

Je voudrais changer ...
francs suisses en francs.
[schwudrä schangscheh ...
frang süis ang öroh]

Post

Was kostet ...

Quel est le tarif pour affranchir ...
[käl_ä lö tarif pur afrangschir]

... eine Postkarte ...

... des cartes postales ...
[deh kart postal]

... nach Deutschland?

... pour l'Allemagne? [pur lalmanj]

0	zéro [sehroh]	20	vingt [wäng]
1	un, une [äng, ühn]	21	vingt et un, une
2	deux [döh]		[wängt_eh äng, ühn]
3	trois [trua]	22	vingt-deux [wängt döh]
4	quatre [katr]	30	trente [trangt]
5	cinq [sängk]	40	quarante [karangt]
6	six [sis]	50	cinquante [sängkangt]
7	sept [sät]	60	soixante [suasangt]
8	huit [üit]	70	soixante-dix [suasangt dis]
9	neuf [nöf]	80	quatre-vingt [katrö wäng]
10	dix [dis]	90	quatre-vingt-dix
11	onze [ongs]		[katrö wäng dis]
12	douze [dus]	100	cent [sang]
13	treize [träs]	200	deux cents [döh sang]
14	quatorze [kators]	1000	mille [mil]
15	quinze [kängs]	2000	deux mille [döh mil]
16	seize [säs]	10000	dix mille [di mil]
17	dix-sept [disät]		
18	dix-huit [disüit]	1/2	un demi [äng dmi]
19	dix-neuf [disnöf]	1/4	un quart [äng kar]

Reiseatlas Côte d'Azur

Die Seiteneinteilung für den Reiseatlas finden Sie auf dem hinteren Umschlag dieses Reiseführers

Mit freundlicher Unterstützung von

kein urlaub ohne
holiday autos

www.holidayautos.com

Autobahn · Gebührenpflichtige Anschlussstelle · Gebührenstelle	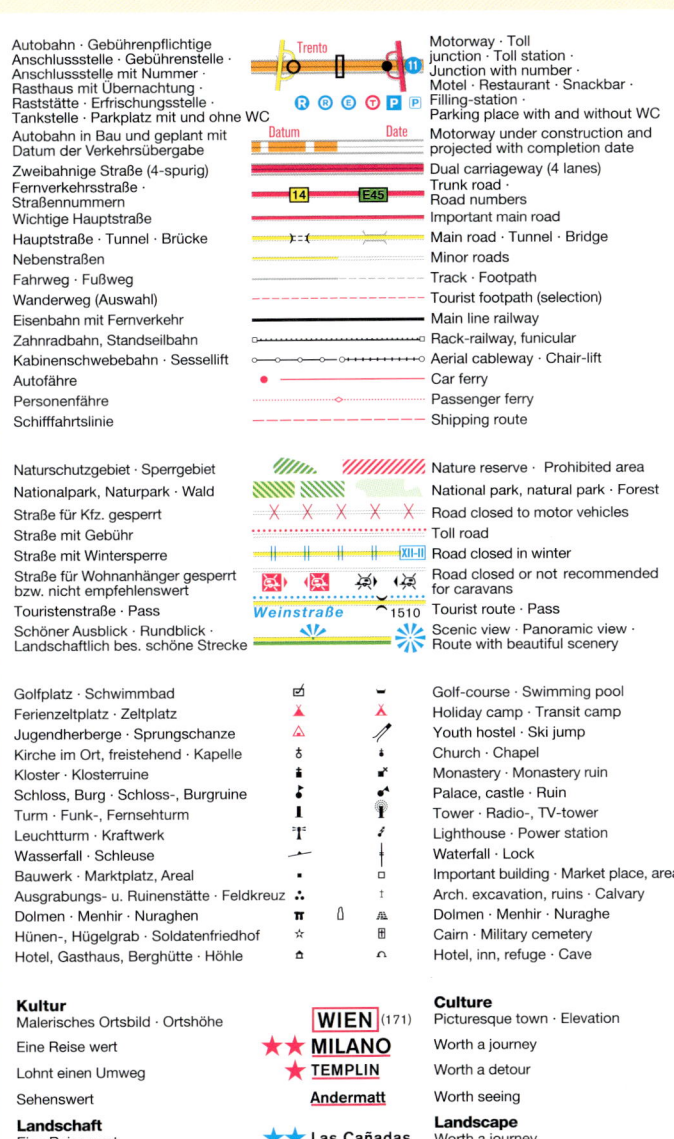	Motorway · Toll junction · Toll station ·
Anschlussstelle mit Nummer ·		Junction with number ·
Rasthaus mit Übernachtung ·		Motel · Restaurant · Snackbar ·
Raststätte · Erfrischungsstelle ·		Filling-station ·
Tankstelle · Parkplatz mit und ohne WC		Parking place with and without WC
Autobahn in Bau und geplant mit Datum der Verkehrsübergabe		Motorway under construction and projected with completion date
Zweibahnige Straße (4-spurig)		Dual carriageway (4 lanes)
Fernverkehrsstraße · Straßennummern		Trunk road · Road numbers
Wichtige Hauptstraße		Important main road
Hauptstraße · Tunnel · Brücke		Main road · Tunnel · Bridge
Nebenstraßen		Minor roads
Fahrweg · Fußweg		Track · Footpath
Wanderweg (Auswahl)		Tourist footpath (selection)
Eisenbahn mit Fernverkehr		Main line railway
Zahnradbahn, Standseilbahn		Rack-railway, funicular
Kabinenschwebebahn · Sessellift		Aerial cableway · Chair-lift
Autofähre		Car ferry
Personenfähre		Passenger ferry
Schifffahrtslinie		Shipping route

Naturschutzgebiet · Sperrgebiet		Nature reserve · Prohibited area
Nationalpark, Naturpark · Wald		National park, natural park · Forest
Straße für Kfz. gesperrt		Road closed to motor vehicles
Straße mit Gebühr		Toll road
Straße mit Wintersperre		Road closed in winter
Straße für Wohnanhänger gesperrt bzw. nicht empfehlenswert		Road closed or not recommended for caravans
Touristenstraße · Pass		Tourist route · Pass
Schöner Ausblick · Rundblick · Landschaftlich bes. schöne Strecke		Scenic view · Panoramic view · Route with beautiful scenery

Golfplatz · Schwimmbad		Golf-course · Swimming pool
Ferienzeltplatz · Zeltplatz		Holiday camp · Transit camp
Jugendherberge · Sprungschanze		Youth hostel · Ski jump
Kirche im Ort, freistehend · Kapelle		Church · Chapel
Kloster · Klosterruine		Monastery · Monastery ruin
Schloss, Burg · Schloss-, Burgruine		Palace, castle · Ruin
Turm · Funk-, Fernsehturm		Tower · Radio-, TV-tower
Leuchtturm · Kraftwerk		Lighthouse · Power station
Wasserfall · Schleuse		Waterfall · Lock
Bauwerk · Marktplatz, Areal		Important building · Market place, area
Ausgrabungs- u. Ruinenstätte · Feldkreuz		Arch. excavation, ruins · Calvary
Dolmen · Menhir · Nuraghen		Dolmen · Menhir · Nuraghe
Hünen-, Hügelgrab · Soldatenfriedhof		Cairn · Military cemetery
Hotel, Gasthaus, Berghütte · Höhle		Hotel, inn, refuge · Cave

Kultur / **Culture**

Malerisches Ortsbild · Ortshöhe	WIEN (171)	Picturesque town · Elevation
Eine Reise wert	★★ MILANO	Worth a journey
Lohnt einen Umweg	★ TEMPLIN	Worth a detour
Sehenswert	Andermatt	Worth seeing

Landschaft / **Landscape**

Eine Reise wert	★★ Las Cañadas	Worth a journey
Lohnt einen Umweg	★ Texel	Worth a detour
Sehenswert	Dikti	Worth seeing

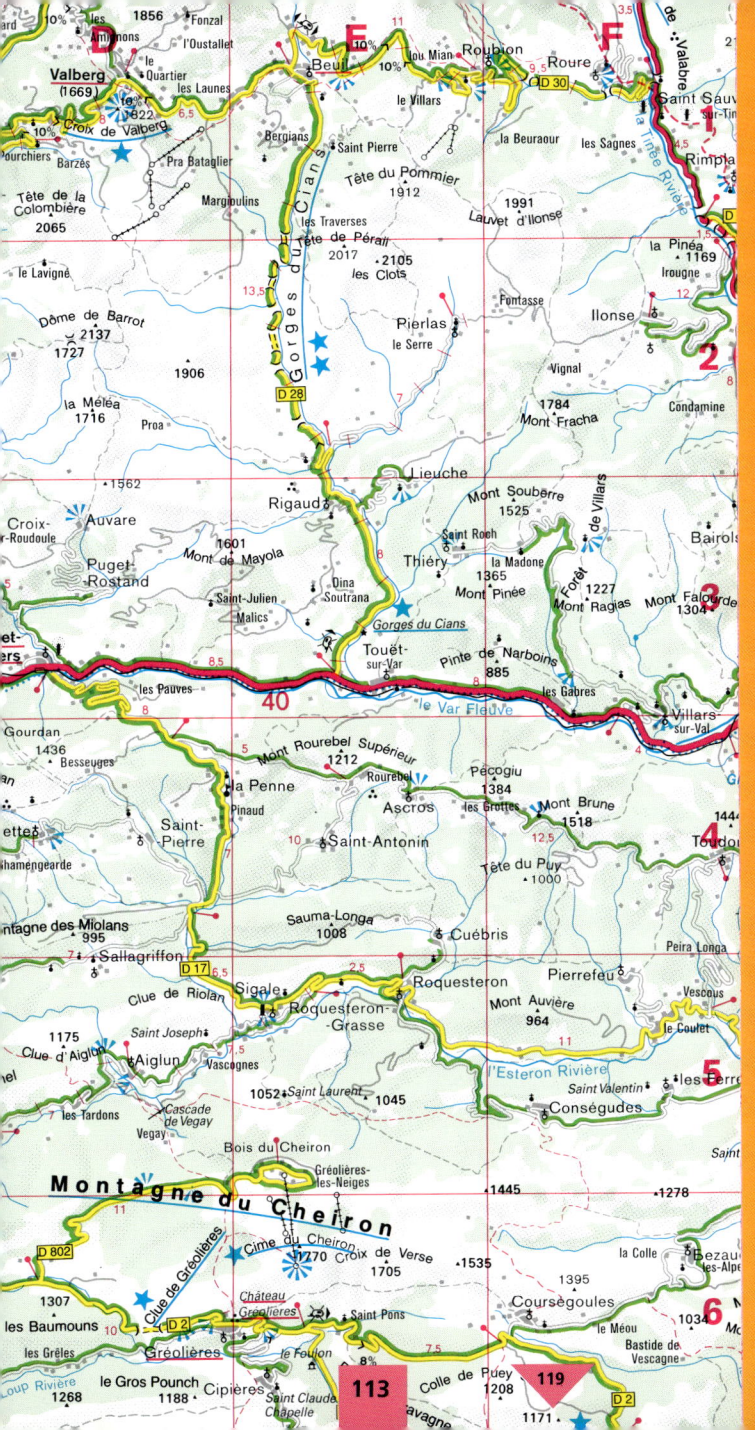

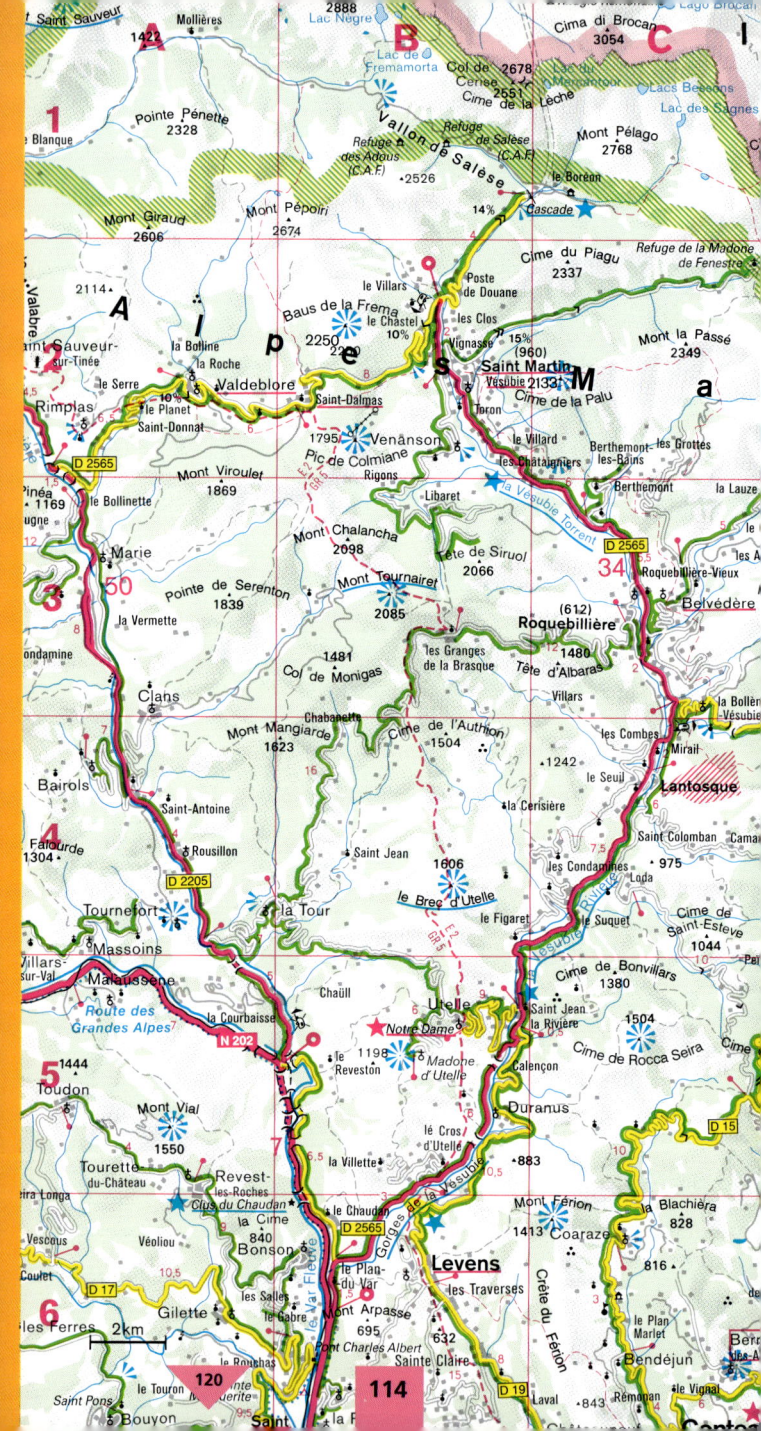

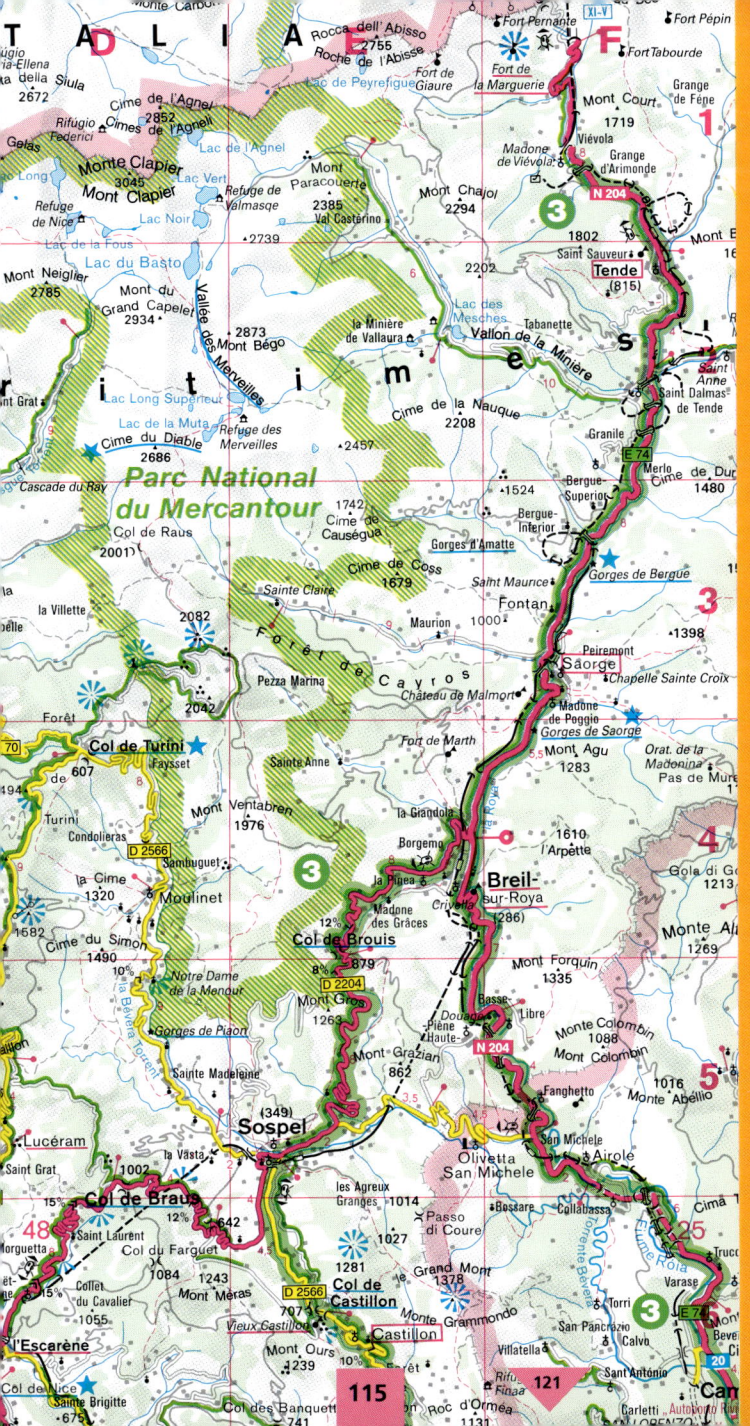

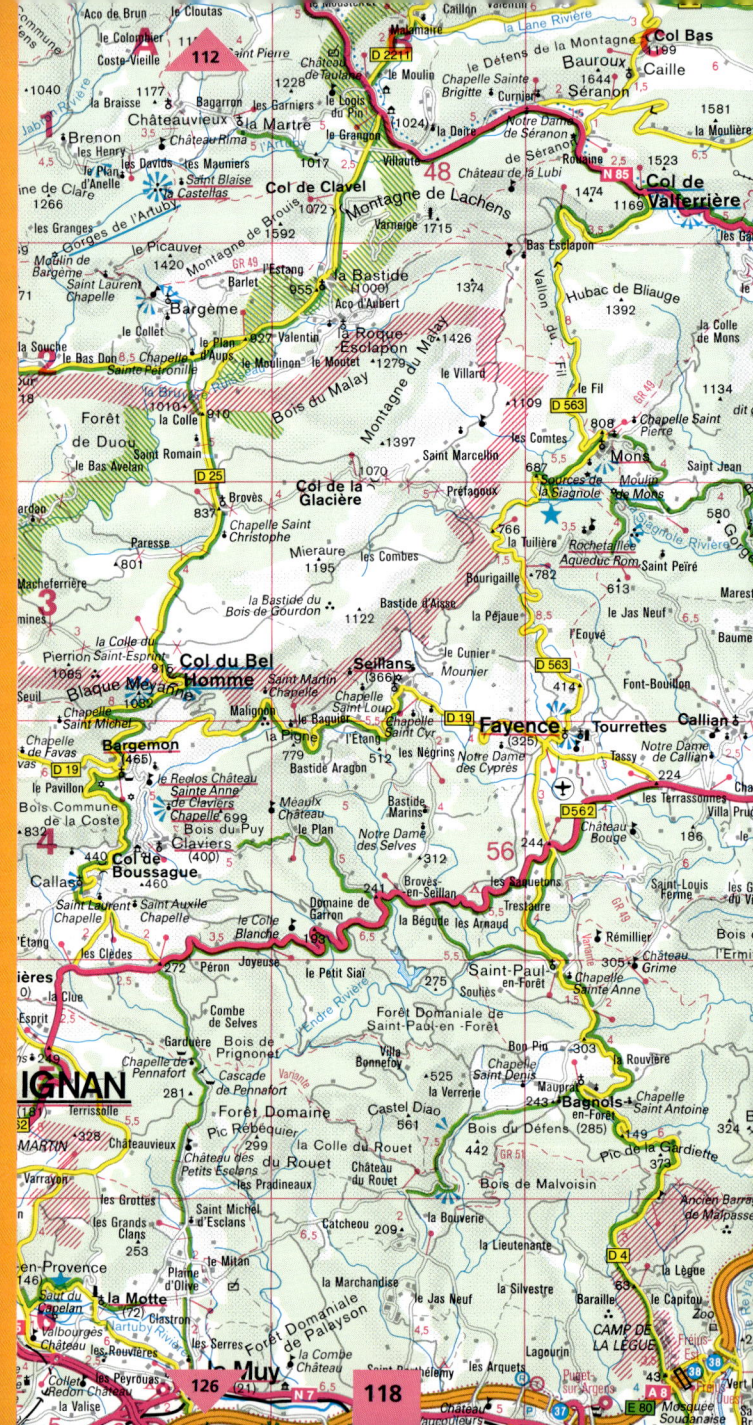

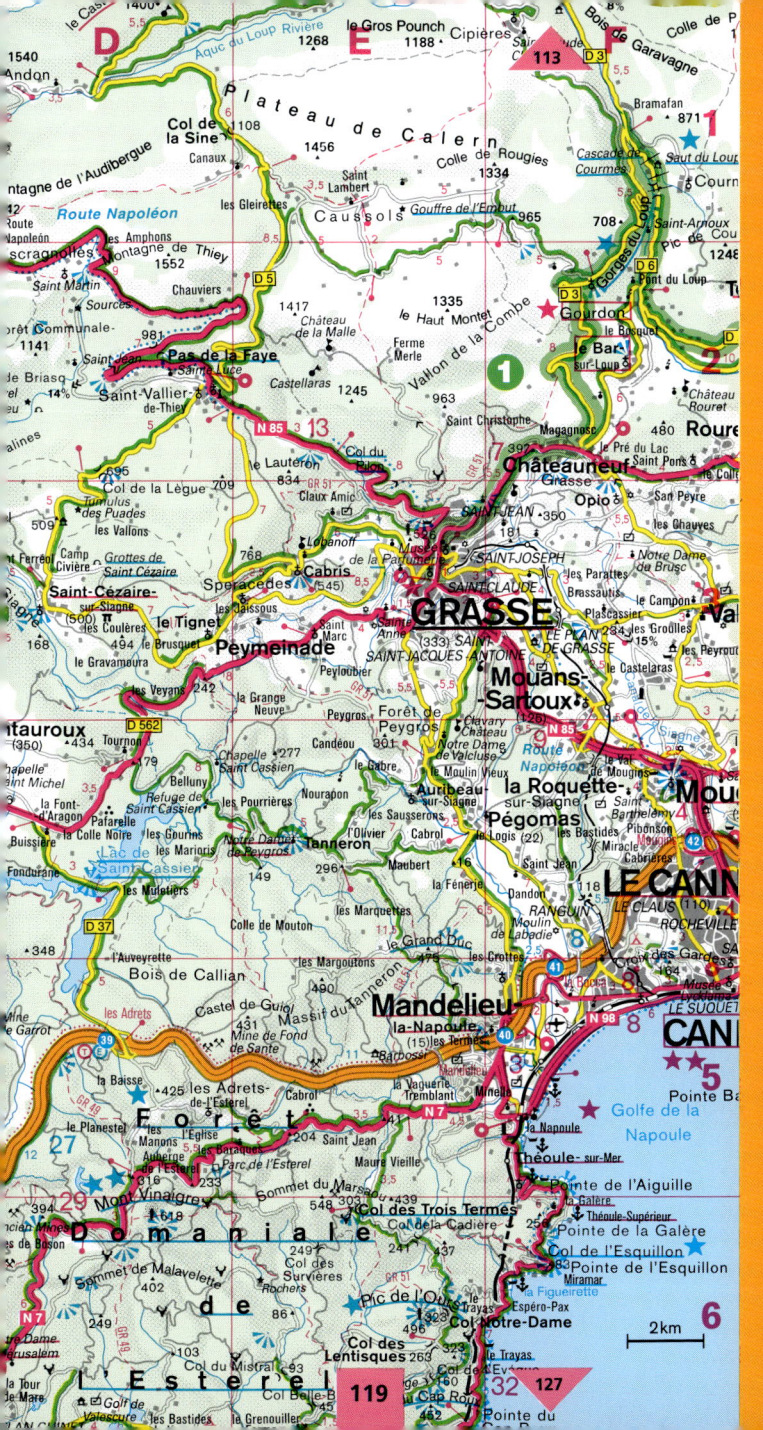

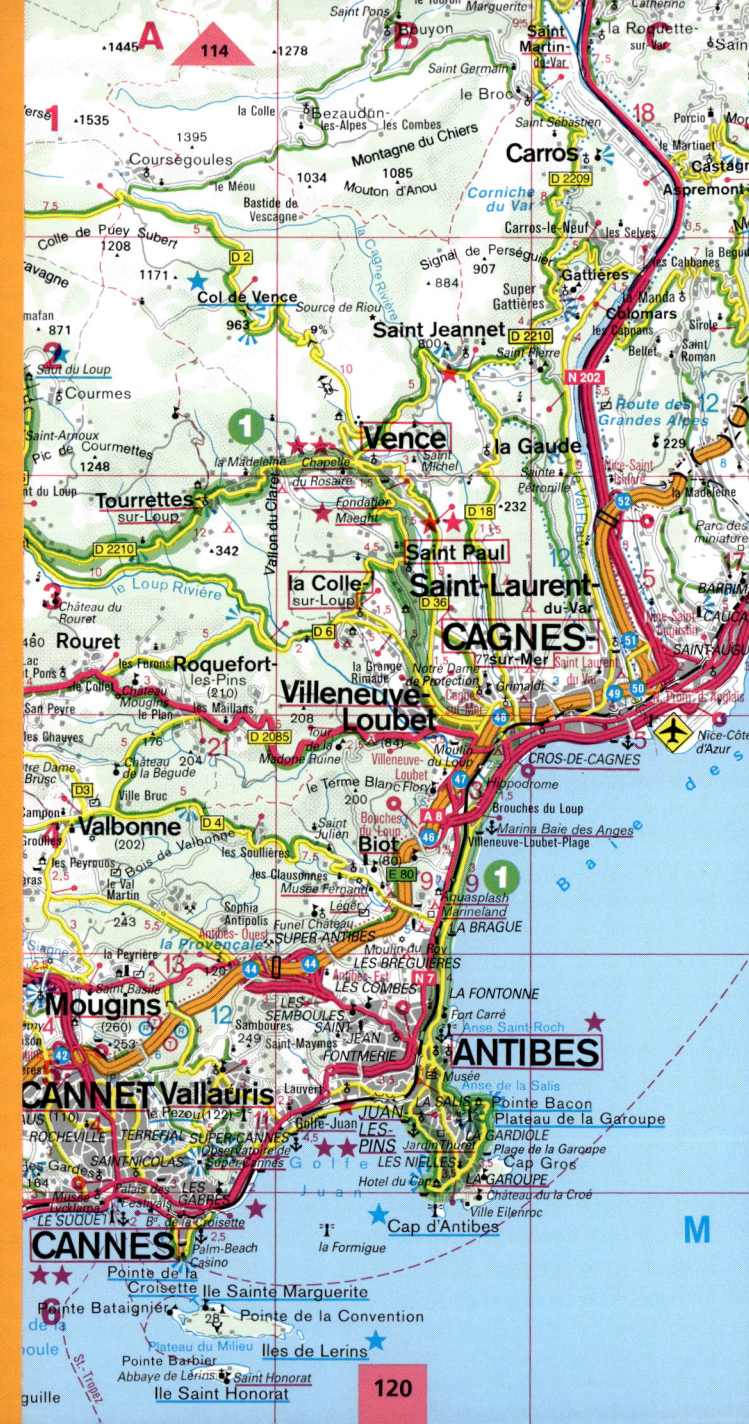

Col du Mistral 393
Lentisques 263
Ermitage 160
Col del l'Evèque
E Esterel **E** Col de l'Evèque **F**
Col Belle-Barbe 45
Pic du Cap Rou
32 **119**
la Tour de Mare
Golfe de Valescure
la Grenouiller Ferme
Pointe du Cap Roux
PLAN GUINET 4
les Bastides de Valescure
le Rastel d'Agay
Roc Saint Barthélemy
VALESCURE 56
les Grottes
288
Corniche de l'Esterel
Cannes
1
EVÈQUES
les Grands Caous
Peysserin
Anthéor-Plage
le des Vieilles
LE PETIT DÉFENS
6,5
180
Agay
Château d'Agay
BOULOURIS
Templiers
Pointe de la
Anthéor
LES PLAINES
le Dramont
l'Baumette
AINT
Camp-Long
Cap du Dramont
HAËL
Aigue Bonne
Ile d'Or Pointe de
ejus
Pointe de Cadéous
l'Esquine de l'Ay
le Lion de Mer

Saint Aygulf

2

ILF
auvette

anc du
urrenègre
alle

3
sambres

M E R

M É D I T E R R A N É E **4**

5

2km
6

127

MARCO 🌐 POLO

Für Ihre nächste Reise gibt es folgende Titel:

Das Register umfasst alle erwähnten Orte und Ausflugsziele sowie Stichworte und wichtige Persönlichkeiten. Halbfette Seitenzahlen verweisen auf den Haupteintrag, kursive auf ein Foto.

Schreiben Sie uns!

Liebe Leserin, lieber Leser,

wir setzen alles daran, Ihnen möglichst aktuelle Informationen mit auf die Reise zu geben. Dennoch schleichen sich manchmal Fehler ein – trotz gründlicher Recherche unserer Autoren/innen. Sie haben sicherlich Verständnis, dass der Verlag dafür keine Haftung übernehmen kann. Wir freuen uns aber, wenn Sie uns schreiben.

Senden Sie Ihre Post an die MARCO POLO Redaktion, Mairs Geographischer Verlag, Postfach 31 51, 73751 Ostfildern, marcopolo@mairs.de

Impressum

Titelbild: Cannes (M. Thomas)
Fotos: O. Baumli (18); W. Dieterich (34, 46, 88, 95); R. Freyer (20, 47); HB-Verlag: Kiedrowski/Wiese (79, 84), Wackenhut (U l., 21, 50, 53, 67, 81, 86); H. Krinitz (U m., U r., 1, 2 o., 2 u., 4, 5 o., 5 u., 7, 9, 12, 15, 16, 25, 26, 33, 35, 39, 40, 45, 64, 70, 75, 82, 90, 96); Mauritius: Ausloos (10), Thonig (13), Vidler (6, 28); S. Schmied (27); T. Stankiewicz (22, 42, 48, 57, 58, 59, 65, 92); M. Thomas (24, 62, 107)

8., aktualisierte Auflage 2002 © Mairs Geographischer Verlag, Ostfildern
Herausgeber: Ferdinand Ranft, Chefredakteurin: Marion Zorn
Lektorin: Andrea Sach, Bildredakteurin: Gabriele Forst
Kartografie Reiseatlas: © Mairs Geographischer Verlag/Falk Verlag, Ostfildern
Gestaltung: red.sign, Stuttgart
Sprachführer: in Zusammenarbeit mit dem Ernst Klett Verlag GmbH, Stuttgart, PONS Wörterbücher
Das Werk einschließlich aller seiner Teile ist urheberrechtlich geschützt. Jede urheberrechtsrelevante Verwertung ist ohne Zustimmung des Verlages unzulässig und strafbar. Das gilt insbesondere für Vervielfältigungen, Übersetzungen, Nachahmungen, Mikroverfilmungen und die Einspeicherung und Verarbeitung in elektronischen Systemen.
Printed in Germany. Gedruckt auf 100% chlorfrei gebleichtem Papier

Bloß nicht!

Sei es ein unkontrollierter Casino-Besuch oder ein zweifelhaftes Kaufangebot – hier erfahren Sie, was es zu meiden gilt

Wertsachen im Auto lassen

Die Côte d'Azur ist für den Reisenden eine Landschaft von paradiesischer Schönheit. Aber auch hier gibt es soziale Probleme und Armut. Autos mit ausländischem Kennzeichen sind daher Zielscheibe für Diebe. Auf keinen Fall Wertsachen im Wagen sichtbar liegen lassen und das Autoradio am besten ausbauen. Übrigens: Der Handtaschenraub auch aus besetztem Auto ist eine neue Masche der Langfinger. Also nicht vergessen, bei Zentralverriegelung die hinteren Autotüren per Hand zu schließen.

Casino-Urlaub machen

Nirgendwo in Europa gibt es mehr Casinos pro Quadratkilometer als an der Côte d'Azur. Da ist die Versuchung groß, in der Spielbank die Urlaubskasse ein wenig aufzubessern. Lassen Sie die Finger davon! Das kann nur schlecht ausgehen. Wenn schon ein Casino-Besuch, dann nur nach dem Motto: Den Spaß lasse ich mir so und so viel kosten. Ist das vorgegebene Limit verspielt, dann nichts wie weg und nach Hause!

Kunst ungeprüft kaufen

Beim Kauf von »Kunstwerken« ist Vorsicht geboten. Vor allem das Hinterland der Côte d'Azur gleicht heute in manchen Partien einem einzigen riesigen Souvenirladen. Unter der Flagge der Kunst segelt da – auch in der Nachfolge von Picassos Töpfereien – viel Ramsch und Kitsch. Achten Sie deshalb besser auf Echtheitsprädikate, wenn Sie Antiquitäten oder Kunstwerke kaufen wollen.

Zweifelhafte Strände aufsuchen

Auch das blaueste Meer kann voller Kolibakterien sein – wenn sich in der Nähe des Badestrandes ungeklärte Abwässer in die See ergießen. Deshalb besser Ausschau halten nach der blauen Flagge für die saubere Küste, die von der EU vergeben wird *(pavillon bleu)*.

Wild campen

So verlockend ein schönes Plätzchen in freier Natur sein mag, um ein Zelt aufzustellen oder das Wohnmobil zu parken – französische Grundbesitzer sehen das gar nicht gern und reagieren meist sauer. Und verzichten Sie auf jeden Fall darauf, ein Lagerfeuer zu entfachen: Die Gefahr von Waldbränden ist viel zu groß.

Butter zum Käse – in Frankreich verpönt

Auch wenn Sie es von zu Hause gewohnt sind: Verlangen Sie lieber keine Butter zum Käse. Das ist in Frankreich nicht üblich.